本书由红河学院学术著作出版基金资助出版

红河学院
HONGHE UNIVERSITY
学术文库丛书

陈仙卿 著

汉语助动词"要"及其相关问题研究

中国社会科学出版社

图书在版编目（CIP）数据

汉语助动词"要"及其相关问题研究/陈仙卿著.
—北京：中国社会科学出版社，2016.12
ISBN 978-7-5161-9616-8

Ⅰ.①汉⋯　Ⅱ.①陈⋯　Ⅲ.①汉语—助动词—研究
Ⅳ.①H146.2

中国版本图书馆 CIP 数据核字(2017)第 005176 号

出 版 人	赵剑英
责任编辑	王　琪
责任校对	季　静
责任印制	王　超

出　　版	中国社会科学出版社
社　　址	北京鼓楼西大街甲 158 号
邮　　编	100720
网　　址	http://www.csspw.cn
发 行 部	010-84083685
门 市 部	010-84029450
经　　销	新华书店及其他书店
印　　刷	北京明恒达印务有限公司
装　　订	廊坊市广阳区广增装订厂
版　　次	2016 年 12 月第 1 版
印　　次	2016 年 12 月第 1 次印刷
开　　本	710×1000　1/16
印　　张	14.25
插　　页	2
字　　数	212 千字
定　　价	55.00 元

凡购买中国社会科学出版社图书，如有质量问题请与本社营销中心联系调换
电话：010-84083683
版权所有　侵权必究

红河学院学术文库编委会

主　任　甘雪春
副主任　安学斌
委　员　陈　灿　　彭　强　　田志勇　　张灿邦　　张平海
　　　　　张永杰　　何　斌　　马洪波　　杨六金　　刘　卫
　　　　　吴伏家　　刘艳红　　路　伟　　龙庆华　　王　全
　　　　　杨文伟　　雷明珍　　张　谛　　梁　健　　孙玉方
　　　　　徐绍坤

《红河学院学术文库》总序

甘雪春

红河学院地处红河哈尼族彝族自治州州府蒙自市，南部与越南接壤。2003年升本以来，学校通过对高等教育发展规律的不断探索、对自身发展定位的深入思考，完成了从专科到本科、从师范到综合的"两个转变"，实现了由千人大学向万人大学、由外延扩大到内涵发展的"两大跨越"，走出了一条自我完善、不断创新的发展道路。在转变和跨越过程中，学校把服务于边疆少数民族地区的经济社会发展、服务于桥头堡建设、服务于培养合格人才作为自己崇高的核心使命，确立了"立足红河，服务云南，辐射东南亚、南亚的较高水平的区域性、国际化的地方综合大学"的办学定位，凸显了"地方性、民族性、国际化"的办学特色，目前正在为高水平的国门大学建设而努力探索、开拓进取。

近年来，学校结合区位优势和独特环境，整合资源和各方力量，深入开展学术研究并取得了丰硕成果，这些成果是红河学院人坚持学术真理、崇尚学术创新，孜孜以求的积累。为更好地鼓励具有原创性的基础理论和应用理论研究，促进学校深入开展科学研究，激励广大教师多出高水平成果和支持高水平学术著作出版，特设立"红河学院学术著作出版基金"，对反映时代前沿及热点问题、凸显学校办学特色、充实学校内涵建设等方面的专著进行专项资助，并以《红河学院学术文库》的形式出版。

学术文库凸显了学校特色化办学的初步成果。红河学院深入实施"地方性、民族性、国际化"特色发展战略，着力构建结构合理、特色鲜明、创新驱动、协调发展的学科建设体系，不断加大力度推进特色学科研究，形成了鲜明的学科特色，强化了特色成果意识。学术文库的出版在一定程度上凸显了我校的办学特色，反映了我校学者在研究领域关注地方发展、关注民族文化发展、关注边境和谐发展的胸怀和视域。

学术文库体现了学校力争为地方经济社会发展做贡献的能力和担当。服务社会是大学的使命和责任。学术文库的出版，集中展现了我校教师将科研成果服务于云南"两强一堡"建设、服务于推动边疆民族文化繁荣、提升民族文化自信、助推地方工农业生产、加强边境少数民族地区统筹城乡发展的追求和担当，进一步为促进民族团结、民族和谐贡献智慧和力量。

学术文库反映了我校教师在艰苦的条件下努力攀登科研高峰的毅力和信心。我校学者克服了在边疆办高等教育存在的诸多困难，发扬了蛰居书斋，沉潜学问的治学精神。这批成果是他们深入边疆民族贫困地区做访谈、深入田间地头做调查、埋头书斋查资料、埋头实验室做研究等辛勤耕耘的成果。在交通不畅、语言不通、信息缺乏、团队力量薄弱、实验室条件艰苦等不利条件下，学者们摒弃了"学术风气浮躁，科学精神失落，学术品格缺失"的陋习，本着为国家负责、为社会负责、为学术负责的担当和虔诚，展现了追求学术真理、恪守学术道德的学术品格。

本次得到学校全额或部分资助并入选文库的著作涵涉文学、经济学、政治学、教育学等学科门类的七部专著，是对我校学术研究水平的一次检阅。尽管未能深入到更多的学科领域，但我们会以旺盛的学术生命力在创造和进步中不断进行文化传承和科技创新，以锲而不舍的精神和舍我其谁的气质勇攀科学高峰。

"仰之弥高，钻之弥坚；瞻之在前，忽焉在后"，对学术崇高境界的景仰、坚韧不拔的意志和自身的天分与努力造就了一位位学术大师。红河学院人或许不敢轻言"大师级"人物的出现，但我们有理由坚信：学校所有热爱科学研究的广大师生一定能继承发扬过去我们在探索路上沉淀的办学精神，积蓄力量、敢于追梦，并为努力实现"国门大学"建设的梦想而奋勇前行。当然，《红河学院学术文库》建设肯定会存在一些问题和不足，恳请各位领导、各位专家和广大读者不吝批评指正，以期帮助我们共同推动更多学术精品的出版。

2013 年 10 月

目　录

第一章　绪论 …………………………………………………… (1)
　第一节　关于助动词的研究 ………………………………… (1)
　第二节　关于助动词"要"的研究 …………………………… (3)
　第三节　方法理论及结构安排 ……………………………… (10)

第二章　助动词"要"的历时来源及共时研究 ……………… (17)
　第一节　"要"的历时来源 …………………………………… (17)
　第二节　助动词"要"和动词"要"的划界 …………………… (21)
　第三节　助动词"要"的三个平面分析 ……………………… (30)

第三章　从主观性角度比较意愿类"要"和"想" …………… (67)
　第一节　"要"和"想"的相关性 ……………………………… (67)
　第二节　"要"和"想"的语义、句法和语用特点 …………… (70)
　第三节　"要"和"想"的客观性和主观性分析 ……………… (81)
　第四节　"要"和"想"的主观量分析 ………………………… (87)

第四章　可能类"要"和"能"的共时研究 …………………… (91)
　第一节　"要"和"能"的相关性 ……………………………… (91)
　第二节　"要"和"能"的句法、语义区别 …………………… (96)
　第三节　"要"和"能"的语用特点 …………………………… (117)

第五章　从语气角度比较可能类"要"和"能" ……………… (125)
　第一节　语气研究概述 ……………………………………… (125)

第二节 "要"和"能"的语气功能分析 …………………… (127)
第三节 "要"和"能"对人称和否定的语气选择 …………… (136)

第六章 汉语助动词"要"与缅甸语对应的助动词对比研究 ……… (145)
第一节 缅甸语助动词概述 ……………………………… (145)
第二节 汉缅语助动词用法对比 ………………………… (154)
第三节 汉缅语助动词句法、语义上的对比 …………… (181)
第四节 汉缅语助动词语用上的对比 …………………… (193)

附 录 ……………………………………………………… (205)

参考文献 ………………………………………………… (206)

后 记 ……………………………………………………… (217)

第 一 章

绪　论

第一节　关于助动词的研究[①]

《马氏文通》中专门探讨分析了助动词，把助动词看作汉语词类系统中的一个重要类别。[②] 迄今为止，有关助动词的研究层出不穷，但是大家还是不得不承认"助动词是个有问题的类"[③]。此外，黎锦熙《新著国语文法》、吕叔湘《中国文法要略》、丁声树《现代汉语语法讲话》、赵元任《汉语口语语法》、朱德熙《语法讲义》、刘月华《实用现代汉语语法》、张斌《现代汉语描写语法》等语法专著，都把助动词看成封闭的类来分析各类的简单意义。

历史上关于助动词的研究，有两次高潮：第一次是 20 世纪五六十年代，学者们着重考察了助动词的外部关系，分析了助动词的词性、划界标准、助动词＋动词/动词性词组的性质。主要论文有：黄岳州《区别助动词、副动词、动词的一般方法》；[④] 刘坚《论助动词》；[⑤] 梁式中《关于助动词》。[⑥] 当时人们着重考察了助动词的外部关系，对助动词的名称、词性、划界标准、助动词＋动词/动词性词组的性质进行了归类，这些为后来的研究奠定了基础，同时也反映出了这一问题的困难所在。第二次是 20 世纪 80

[①] 注：助动词又称能愿动词。
[②] 熊文：《助动词研究述略》，《汉语学习》1992 年第 4 期。
[③] 吕叔湘：《汉语语法分析问题助读》，语文出版社 2000 年版，第 156 页。
[④] 黄岳州：《区别助动词、副动词、动词的一般方法》，《语文学习》1956 年第 12 期。
[⑤] 刘坚：《论助动词》，《中国语文》1960 年第 1 期。
[⑥] 梁式中：《关于助动词》，《中国语文》1960 年第 5 期。

年代，人们试图从新的角度，运用新的理论方法，对助动词的形式特征、语义特征进行分析，取得了很多成果，文炼、邢福义、蒋平、陆丙甫、马庆株等都写过这方面的论文。90年代初开始出现近义助动词的对比研究，这一时期主要研究助动词的句法功能，从句法功能上区别近义的助动词。在这方面进行研究的主要有周小兵《"会"和"能"及其在句中的换用》、① 郭志良《表示存在某种可能性的"能"和"可以"》② 等。

以个体助动词语义为主的研究最早的是许和平《试论"会"的语义与句法特征——兼论与"能"的异同》。③ 后来不断增多，有史有为《得说"不能来上课了"》、④ 渡边丽玲《助动词"能"与"会"的句法、语义分析》、⑤ 渡边丽玲《助动词"可以"与"能"的用法比较分析》、⑥ 王伟《情态动词"能"在交际过程中的义项呈现》、⑦ 鲁晓琨《现代汉语基本助动词语义研究》⑧ 等。

在汉语语法学界，助动词（情态动词、能愿动词）的研究日益受到学者们的重视。早期的研究偏重于"名称""归类""划界""范围"等方面。自20世纪80年代以来，张斌、邢福义、李临定、江天、陆丙甫、马庆株等学者都曾对助动词的功能问题进行过研究。但是，这些研究往往着重于语义和句法结构上的分析。近些年来助动词的研究，多在"近义助动词的比较研究""各类助动词的多角度研究""范畴研究""语法化研究"等方面。

---

① 周小兵：《"会"和"能"及其在句中的换用》，《烟台大学学报》（哲学社会科学版）1989年第4期。
② 郭志良：《表示存在某种可能性的"能"和"可以"》，第三届国际汉语讨论会论文选，1990年。
③ 许和平：《试论"会"的语义与句法特征——兼论与"能"的异同》，《汉语研究》（三），南开大学出版社1993年版。
④ 史有为：《得说"不能来上课了"》，《汉语学习》1994年第5期。
⑤ 渡边丽玲：《助动词"能"与"会"的句法语义分析》，《面临新世纪挑战的现代汉语语法研究》，山东教育出版社2000年版。
⑥ 渡边丽玲：《助动词"可以"与"能"的用法比较分析》，第六届国际汉语教学讨论会论文选，1999年。
⑦ 王伟：《情态动词"能"在交际过程中的义项呈现》，《中国语文》2000年第3期。
⑧ 鲁晓琨：《现代汉语基本助动词语义研究》，中国社会科学出版社2004年版，第193—201、239—249页。

第二节 关于助动词"要"的研究

近几年，随着人们对助动词研究的不断深入，对助动词"要"的单独研究引起了学者们的极大关注，如卢卓群、马贝加、鲁晓琨、古川裕、刘卓、张万禾、郭昭军、尹美子、倪菊华等学者，都对助动词"要"进行了研究。

一 "要"的惯常用法研究

目前对于"要"的惯常用法研究还比较薄弱，柯理思提出汉语里标注惯常行为（habitual）的三个形式："会"、"要"和"爱"。[①] 其中，"要"表示惯常的时候，其后的谓词可以表示不如意的动作，而主语能由非生命体名词充当，说明主语对谓语所表达的事件没有控制能力。这时"要"已经完全失去"意愿"的意义了。作者指出"要"和"会"一样，是一个典型的非现实范畴（irreals）的形式。无论是表示意愿义，义务义（非认识情态义项），还是表示将来意义和可能意义时，前三个义项的"要"都出现在表达未然事件的句里。反之，比较句和惯常意义的"要"则是对现在或过去的状态作出的判断。

二 "要"的情态语义研究现状

关于"要"的研究由来已久。吕叔湘、[②] 王力、[③] 刘坚、[④] 赵元任、[⑤] 朱德熙、[⑥] 李临定、[⑦] 马庆株、[⑧] 郭昭军、[⑨] 彭利贞[⑩]等很多学者认为

[①] 柯理思：《汉语里标注惯常动作的形式》，《现代中国语研究》（日本）2005年第7期。
[②] 吕叔湘：《中国文法要略》，商务印书馆1942年版，第254—266页。
[③] 王力：《中国语法理论》上册，商务印书馆1944年版，第30—31页。
[④] 刘坚：《论助动词》，《中国语文》1960年第1期。
[⑤] 赵元任：《汉语口语语法》，商务印书馆1979年版，第322—325页。
[⑥] 朱德熙：《语法分析和语法体系》，《中国语文》1982年第1期。
[⑦] 李临定：《宾语使用情况考查》，《语文研究》1983年第2期。
[⑧] 马庆株：《能愿动词的连用》，《语言研究》1988年第1期。
[⑨] 郭昭军：《汉语情态问题研究》，南开大学博士学位论文，2003年。
[⑩] 彭利贞：《现代汉语情态研究》，复旦大学博士学位论文，2005年，第61页。

"要"是典型的情态动词，他们研究情态动词时也提到助动词"要"的定义、范围、句法特征等。

刘卓对情态动词"要"的语法、语义和语法化过程的研究进行过讨论，作者认为"要"是一个多义的情态动词，从语义功能的角度来看，其意义很复杂，应该结合情态对"要"进行义项界定，对其表现的情态意义从言者情态角度进行补充性研究；从语法功能上来说，对"要"的连用成分尚需再认识，特别是对"要想"和"想要"的词性和意义问题也进行了补充性研究。从语法化角度来说，"要"虚化的外部原因是认知语言学的"隐喻"机制，内部原因是语言自主系统内部的语义和语法因素作用结果。

张万禾也分析了助动词"要"的情态语义。作者认为表意图的"要"与表意愿的"想"之间的根本区别在于"要"表决定和决心。作者指出表决定义的"要"表示 VP（谓词宾语）是即将实现的事情，表决心义的"要"不表示即将实现而表达努力实现的态度。作者还比较了"要"和"想"的异同："要"在能力域是连续的，在意愿域是定量的，所包含的意愿具有确定不移的特征；"想"在意愿域是连续的，"想"所表达的意愿是可以相互矛盾的。根据分析结果，作者认为"要"表义务情态和认识情态，它们之间存在程度性。"要"所表达的可能性一般具有一定的或然性，当根据一定的标准作出判断时，这种可能性就表现为必然性，可能性很高的时候就体现出必然性。

郭昭军、尹美子[①]从模态语义（modality）角度考查了助动词"要"的意义与形式之间的关系，讨论了三个问题：（1）"要"所表达的各种模态意义；（2）不同意义之间在形式和使用上的区别；（3）制约"要"意义选择的各种因素。关于第一个问题，作者指出"要"可以表达义务、意愿和认识模态。作者补充"要"的认识义包括常识、认识可能和预测，并且找出不同意义的"要"之间的区别。作者从模态逻辑的角度来研究，认为表义务的"要"属于一种必要模态。表必要的"要"可以与过去时间词共现。表义务的"要"则不行。作者还讨论了"要"与其他助动词

[①] 郭昭军、尹美子：《助动词"要"的模态多义性及其制约因素》，《汉语学习》2008年第2期。

和连词的连用，谈论了"要"意义选择的各种因素。最后，通过数据统计，认为不同语体中"要"的使用频率不同。发现"要"的出现频率在口语中最高，在法规等正式语体中最低，后者只相当于前者的1/8。作者最后认为"要"还具有其他助动词所没有的类似时体意义（预测）的用法。

倪菊华①探讨了现代汉语"要"的情态问题，作者从共时和历时描写并解释有关"要"的语言现象。作者认为，情态就是说话人对句子表达的命题的真值或事件的现实性状态所表现的主观态度，"要"可以表达认识情态、道义情态和动力情态。作者还考察了"要"的句法分布，认为这些不同的句法分布有一个共同点，即：都可以作为情态语义的表现方式。作者简单考察了"要"的语法化过程，发现"要"的情态语义情况也符合"情态语义图"所揭示的情况。作者比较了兼语句的"要"和一般的情态动词"要"的异同。比较句中的"要"，表达的最典型的情态意义是认识情态意义。作者考察了"要"和将来时的关系问题，还考察了假设句里的"要"不再是情态动词，但它仍然可以表达情态语义，连词也可以作为情态语义表达的一种手段。

三 "要"的语法化及认知研究

卢卓群②对"要"从名词到动词，动词到助动词的历史演变过程进行了详细的介绍。作者在文中讨论了助动词"要"的发展轨迹，追寻它在汉代以前和汉代以后的魏晋南北朝、唐宋等发展阶段的演变状况，在已有研究成果的基础上，进一步介绍了助动词"要"的历史发展。首先，由名词到动词的演变：名词"要"/yāo/原表示人的腰，先秦时期一步一步发展成动词义"系在腰间"，从中拦截义，求救/求得义；其次，在两汉魏晋南北朝时从动词向助动词"应当、须要"义、"想、希望"义、"将要、快要"义慢慢发展演变；然后，通过同义竞争，确立了助动词"要"的地位。最后指出，清末以后它发展为现代汉语中使用率最高的助动词

---

① 倪菊华：《现代汉语"要"的情态问题研究》，硕士学位论文，浙江大学，2008年，第50—51页。
② 卢卓群：《助动词"要"汉代起源说》，《古汉语研究》1997年第3期。

之一。

马贝加①分析了"要"的语法化过程,作者主要分析了能愿动词、转折连词、假设连词功能之间的联系和上述功能与源词之间的关系。作者认为动词"要"的语法化始于汉代,最先出现的是能愿动词"要",其次是连词"要"。作者认为转折义"要"的来源是从形容词性义项"重要"发展过来的。通过对其语法化过程的研究,作者总结出汉代能愿动词具有表示必然性、可能性、正确性(事理应当)、主观愿望等四种功能。

古川裕②提出了关于"要"类词的认知研究方面的解释——论"要"由动词到连词的语法化途径,对动词"要"、助动词"要/不要"和连词"要是/只要"等词进行了认知角度的研究。作者认为动词性"要"类词,虽在词类平面上分属于不同词类,但其中却有一条连续的语法化途径。作者还认为形成这一语法化的动机主要有两条,一条是"主观性",另一条是"非现实性"的语义共性。作者拟从认知语言学的角度去观察动词性语素"要"字由实词(动词、助动词)到虚词(连词)的语法化途径。作者提出,虽然"要"类词可以分成几个不同的词类,但是动词性的"要"字应该是一个连续系统,各成员间有一条连续的语法化途径。该文的研究不仅对现代汉语语法研究有一定的理论贡献,而且为对外汉语教学提供了一个较好的应用模型。

王华丽③对卢卓群的观点进行了总结,补充性地提出助动词内部的语义虚化语法化过程。作者特别强调情态意义演变过程,结合这个过程说明了其语法化的深层机制,证明了汉语语法化的主要机制是隐喻和推理。准确地说,推理贯穿于虚化的全过程,隐喻关键是找到相关联的意象图式。作者认为能愿动词"要"从单一的名词虚化为具有多种情态的助动词的这段历史,虽然表面上看起来很乱,其实却隐含许多内在语法化机制。这些机制虽有程度差别,但都对语言的形成与发展具有很重要的作用。

几部经典著作对助动词"要"的义项语义功能研究成果如下:《语法

---

① 马贝加:《"要"的语法化》,《语言研究》2002年第4期。
② 古川裕:《关于"要"类词的认知解释——论"要"由动词到连词的语法化途径》,《世界汉语教学》2006年第1期。
③ 王华丽:《能愿动词"要"的主要语法化机制》,《考试周刊》2009年第10期。

讲义》给"要"概括了两个义项：① 表示愿望和事实上需要如此或情理上应该如此。《现代汉语八百词》给"要"概括出五个义项：②（1）表示做某事的意志，（2）须要、应该，（3）表示可能，（4）将要，（5）表示估计，用于比较句。《实用现代汉语语法》③ 给"要"概括出四个义项：（1）表示有做某事的意愿，（2）表示事实上或情理上的需要，（3）表示"可能"、"会"的意思，（4）用来表示一种看法、估计，用于比较句。《现代汉语词典》（第5版）给"要"的语义概括为四个义项：④（1）表示做某事的意志，（2）须要、应该，（3）将要，（4）表示估计，用于比较。《现代汉语描写语法》给"要"的表义功能概括为两个：⑤ 表达意愿语气和表达必要语气。这些著作都对助动词"要"的语义功能进行了概括性解释。著作中的助动词"要"的义项如表1-1所示。

表1—1　　　　　　　　著作中助动词"要"的义项

《语法讲义》	《现代汉语八百词》	《实用现代汉语语法》	《现代汉语词典》（第5版）	《现代汉语描写语法》
1. 愿望； 2. 事实上需要如此或情理上应该如此	1. 表示做某事的意志； 2. 须要、应该； 3. 表示可能； 4. 将要； 5. 表示估计，用于比较句	1. 表示有做某事的意愿； 2. 表示事实上或情理上的需要：应该、须要，多用于未然的情况； 3. 表示可能、会的意思； 4. 表示一种看法、估计，用于比较句	1. 表示做某事的意志； 2. 须要、应该； 3. 将要； 4. 表示估计，用于比较	1. 表示意愿； 2. 表示必要

---

① 朱德熙：《语法讲义》，商务印书馆2009年版，第64页。
② 吕叔湘：《现代汉语八百词》，商务印书馆2008年版，第592—593页。
③ 刘月华等：《实用现代汉语语法》，商务印书馆2009年版，第175—177页。
④ 中国社会科学院语言研究所词典编辑室：《现代汉语词典》（第5版），商务印书馆2006年版，第1586页。
⑤ 张斌主编：《现代汉语描写语法》，商务印书馆2010年版，第879页。

学者们对助动词"要"的语义划分如表 1-2 所示。

表 1—2　　　　　　学者们对助动词"要"的语义划分

马庆株	鲁晓琨	柯理思	古川裕
1. 表示必要； 2. 表示愿望	1. "要$_1$"表示主语的意志，否定式为"不想"； 2. "要$_2$"表示情理、现实需要或说话人的要求，否定式为"不用"或"不要"； 3. "要$_3$"表示某种情况趋近出现； 4. "要$_4$"推测某种情况出现的必然性，否定式为"不会"，包括估计和比较句中的"要"	1. 意愿意义、义务意义； 2. "将要"意义； 3. "可能"意义； 4. 比较句里的估价意义； 5. 惯常意义	1. 意愿或希望，将要（对未来的愿望）； 2. 对未来可能性的估计； 3. 对某一个性质的判断

四 "要"与其他助动词的比较研究

有关"要"与其他助动词比较研究的文章不少，主要研究者有张维耿、蒋平、鲁晓琨等。张维耿[①]探讨了助动词"要"和"想"的差异，作者提出在否定句中当表示一个人自身的愿望而不是出自他人的愿望时，用"想"而不用"要"；如果不是表示自身的愿望而是表示出自别人的要求或客观上的需要时，就要用"要"而不用"想"。肯定句中，用"想"和"要"都可以。蒋平[②]考察了"要"和"想"之间的差异，主要考察词性、意义侧重点和否定形式的不同等方面。

鲁晓琨[③]分析了"要"的语义及与"会$_2$"的语义语用对比，意愿类

[①] 张维耿:《助动词"想"和"要"的区别》,《语言教学与研究》1982 年第 1 期。
[②] 蒋平:《"要"与"想"及其复合形式、连用现象》,《语文研究》1983 年第 2 期。
[③] 鲁晓琨:《现代汉语基本助动词语义研究》,中国社会科学出版社 2004 年版,第 171—201、218—249 页。

助动词"想"和"要₁"的语义语用对比，必要类助动词"要"与"应该类₁""得₁"的语义对比，表示现实需要的"得₁"与"要₂"的语用区别，表示主观推测的"得₂"与"要₄""会₂"的对比，最后提出"应该类₁""得₁""要₂"在"交往"中的语用效果。通过对比分析，作者发现"要₄"一般能换成"会₂"，"要₄"的语义范围小于"会₂"，"要₄"和表示某种情况出现的必然性的"会₂"在语义上相同，就是在语义相同的情况下，"要₄"的语用范围远远小于"会₂"。"会₂"具有中性语义特征，"要₄"主要用于消极意义。鲁晓琨对"要"跟其他助动词进行对比，是很全面的文章之一。作者对助动词语义的研究对汉语教学很有帮助，对助动词语义研究也起到了很好的作用。

徐冶琼①基于对外汉语教学的本体研究，比较了能愿动词"想"和"要"。作者从外国留学生的偏误点出发，研究了经常会混淆的表示愿望、意志的"要"和作为能愿动词的"想"，找出了二者在句法、语义和语用方面的特征。这样的个案研究，一方面可以为对外汉语教学提供一定的支持，另一方面也对能愿动词的共性特征的揭示起到一定的促进作用。

李颖②对汉语助动词"要"和韩语辅助动词"-려고하다"在结构和意义上进行了对比分析。找出了二者在结构上的异同点——二者都有"马上就要发生"的意义；在情态意义上，"要"表现为认识情态"必然性"、义务情态"当然性"、动力情态"意愿"，韩语"-려고하다"只能表达动力情态"意愿"。两种语言对比在对外汉语教学和外语学习中起着无法代替的作用。

虽然用各种理论和方法来研究助动词"要"的文章比较多，成果也比较丰富，但是对助动词"要"的意愿类、必要类、可能类、估计类和将要类义项的共时历时详细描写研究并跟部分同类助动词进行对比研究的文章还比较少。至今，还没有发现有文章从三个平面的角度系统地研究"要"的五种义项的句法、语义和语用特征，从主观性、主观化、主观量

---

① 徐冶琼：《能愿动词"想"和"要"的比较》，《现代语文》（语言研究版）2009年第6期。

② 李颖：《汉语助动词"要"和韩语辅助动词"-려고하다"的对比》，《科教文汇》（中旬刊）2010年第11期。

角度研究意愿类助动词"要"和"想"以及从语气的角度比较可能类"要"和"能"。通过对比研究两种语言助动词的文章也不多。其中,有一本是鲁晓琨的《现代汉语基本助动词语义研究》[①],但该著作只是针对日本留学生学习汉语方面来进行研究,没有专门进行汉语和日语的比较;徐冶琼[②]基于对外汉语教学的本体研究,对"要"和"想"进行了比较;李颖[③]对韩国留学生习得汉语助动词"要"和韩语辅助动词"－려고하다"进行了比较;学界至今还未有对汉语助动词"要"和缅甸语助动词词语专门对比研究。因此,我们通过汉语"要"和缅甸语相关词语对比研究,试图解决缅甸学生在学习汉语助动词时遇到的困难和中国学生在学习缅甸语时遇到的困难。

本书主要从共时的角度,加上认知解释,对助动词"要"的五种义项的句法、语义和语用等方面进行研究,跟部分同义类助动词比较研究,揭示它们之间的异同点,以期对汉语语法研究和对外汉语教学有一定的帮助。

第三节 方法理论及结构安排

一 采用的方法

本书的主要研究对象为汉语助动词"要",分别是意愿类"要"、必要类"要"、可能类"要"、估计类"要"和将要类"要"五种义项,探讨它们的共时句法、语义和语用现象。主要以三个平面理论为指导,首先是运用认知语言学理论,讨论助动词"要"的五种意义的共时状况,解释它们的句法、语义和语用的特点;其次是从主观性角度探讨意愿类助动词"要"和"想"的句法、语义、语用区别和特征;最后从语气角度比较"要"和"能",指出二者的区别和共性特征。先从三个平面理论分析二者的句法、语义和语用特征,再研究二者的语气功能并提出二者对人称

---

① 鲁晓琨:《现代汉语基本助动词语义研究》,中国社会科学出版社2004年版。
② 徐冶琼:《能愿动词"想"和"要"的比较》,《现代语文》(语言研究版) 2009年第6期。
③ 李颖:《汉语助动词"要"和韩语辅助动词"－려고하다"的对比》,《科教文汇》(中旬刊) 2010年第11期。

代词的选择和否定语气的区分，最后对汉语助动词"要"与缅甸语相关词语进行对比，跟汉语助动词"要"相对应的缅甸语的一些助动词词语分别表示意愿类"ချင် (khyin)、လို (lo)"，必要类"ရ (ya')"，可能类"လိမ့် (lein')、နိုင် (nain)、ကောင်း (kaun:)"，估计类"လောက် (laut)、ရော (yaw:)"和将要类"တော့ (taw')、လု (lu')"等。最后的主要研究对象为表达意愿意义的"ချင်"和"လို"，表达必要意义的"ရ"以及表达将要义的"တော့"和"လု"。考察不同语言助动词的用法，句法、语义和语用表达上的异同和个性特征，通过对比分析可以了解汉语和缅甸语语法运用上的特征。

二 采用的理论

本书在采用三个平面语法理论的基础上加上认知语言学理论，主要运用句法与语义功能、语义与语境、语用与交际等理论方法。分别采用家族相似性理论、三个平面理论、主观性、主观量、语气功能、标记理论等来解释不同对象和不同问题。最后采用对比方法比较汉语助动词"要"与缅甸语相关词语，并采用三个平面理论分析两种语言句法、语义和语用等方面的异同。

（一）家族相似性理论

Wittgenstein提出："成员之间的关系就像同一个家族当中的不同成员，在某个方面表现出相似性，却不完全相同。范畴内部成员之间并不一定共同享有相同的特征。同一个家族的不同成员的属性，并不是彼此重合套叠，而是以环环相扣的方式通过相似性而联系起来成为一类。"[①] 本书中借鉴认知语言学家族相似性理论进一步解释助动词和动词"要"的划界，分别表示"助动词"和"动词""要"的特点和功能异同。

（二）三个平面理论

胡裕树、范晓认为："如何在语法分析中，特别是在汉语的语法分析中全面地、系统地把句法分析、语义分析和语用分析既界限分明地区别开来，又互相兼顾地结合起来，这是摆在语法研究工作者面前的新课题，是

---

① 陈忠：《认知语言学研究》，山东教育出版社2006年版，第59—60页。

值得进行深入探索的。"① 从语法研究的理论范围和作用看，三个平面的理论是汉语语法研究对象的外延学说。从共时角度看，三个平面理论是对语法分析或研究中句子的三个方面作了区分。说三个平面是语法的本体观，是因为句法、语义、语用是语法结构的有机组成部分，语法结构是三者共同作用的结果。三个平面中的语义平面和语用平面只是对句法结构有影响和起制约作用的部分，这些部分同句法一起组成语法研究的对象。说三个平面是语法分析的方法，是因为语法分析必须从句法、语义、语用三个角度进行透视，才有可能真正做到描写和解释的充分性，任何单一平面的分析都是有价值的，然而都是不自足的。因此，本书的大部分章节都采用三个平面理论给助动词"要"系统地分析，描写出它们在句法、语义和语用平面上的共性和区别特征。

（三）主观性、主观化及主观量

李善熙认为："任何话语都带有主观性，不带有说话人态度、感情、视觉的语句是不存在的，但是主观性和主观化确实有程度的差别，为方便起见，主观程度最低（逼近零）的情景我们就称之为不带主观性或具有客观性。"②

沈家煊认为："'主观性'（subjectivity）是指在话语中含有说话人'自我'的表现成分。也就是说，说话人在说出一段话的同时表明自己对这段话的立场、态度和感情。'主观化'（subjectivisation）则是语言为表现这种主观性而采用相应的结构形式或经历相应的演变过程。'主观化'既是一个'共时'的概念，即一个时期的说话人采用什么样的结构和形式来表现主观性，又是一个'历时'的概念，即表现主观性的结构或形式是如何经历不同的时期通过其他结构或形式演变而来的。"③

陈小荷认为："'主观量'是含有主观评价意义的量，与'客观量'对立。主观量中也包含有对量的客观叙述，因此主观量和客观量的区别仅

---

① 胡裕树、范晓：《试论语法研究的三个平面》，《语言教学与研究》1993年第2期。
② 李善熙：《汉语"主观量"的表达研究》，博士学位论文，中国社会科学院，2003年，第7页。
③ 沈家煊：《语言的"主观性"和"主观化"》，《外语教学与研究》（外国语文双月刊）2001年第4期。

在于是否同时含有对量的大小的主观评价意义。"① 本书的部分内容借助这些理论，从主观的角度来具体分析意愿类助动词"要"和"想"在语义、句法和语用上的区别和特征。

（四）语气类别

语气可以区分为功能类别和意志类别，以"表示说话人使用句子要表达的交际目的"为依据，划分出来的是语气的功能类别。功能语气反映说话人使用句子所要达到的交际目的，又可以分为四个次类，即：陈述语气、疑问语气、祈使语气及感叹语气。以"表示说话人对说话内容的态度和情感"为依据，划分出来的是语气的意志类别。意志语气反映说话人对说话内容的态度或情感，也可以分为四个次类，即：可能语气、能愿语气、允许语气以及料悟语气。

语气词往往是功能类别的形式标志。确定和划分功能语气类别时，除了依据语调外，还可以依据语气词，可能语气往往用助动词"能够、愿意"等。任何一个句子，它一定具有某种功能语气，却不一定同时也具有某种意志语气；但一个具有某种意志语气的句子，它一定同时也具有某种功能语气，也就是说功能语气和意志语气可以同现于一个具体的句子之中。② 本书中部分讨论到可能类助动词"要"和"能"的语气功能，揭示出可能类助动词句中的功能语气和意志语气的关系。

（五）标记理论

"标记理论曾经是结构主义语言学的重要理论之一。标记概念在语言分析的各个层面上均有解释作用，因此，目前这一概念已广泛应用于语言研究的各个分支，包括语音、语法、语义、语用、心理语言学以及应用语言学等。"③ 沈家煊④重点研究了该理论在当代的最新发展，介绍了在传统理论基础上发展出的类型学中的标记理论的两大成果。"传统的标记理论是一种'二分模式'：一个范畴只有两个成员的对立，一个是有标记项，

---

① 陈小荷：《主观量问题初探——兼谈副词"就"、"才"、"都"》，《世界汉语教学》1994年第4期。
② 张斌：《现代汉语描写语法》，商务印书馆2010年版，第860页。
③ 付琨：《标记理论的介绍与应用》，《汉语学习》2005年第3期。
④ 沈家煊：《类型学中的标记模式》，《外语教学与研究》1997年第1期。

一个是无标记项。新的标记理论则是一种'相对模式',即认为许多语法范畴的成员不止两项,应该是多分模式,有标记和无标记只是一个程度问题。标记理论认为,有标记项和无标记项的判别标准通常是:前者聚合成员少,后者聚合成员多;前者出现的环境不多,后者能出现在多种环境下;前者的使用频率低,后者的使用频率高;前者的意义单一,后者的意义宽泛、复杂。"① 本书中也运用标记理论分析可能类"要"和"能"的语气功能,指出"要"和"能"在不同句类中语气的有标记和无标记性功能。

(六) 人称与语气

齐沪扬认为:"汉语中的人称与语气关系是一个很值得探讨的问题,将'人称'看做语气系统的结构成分也是完全站得住脚的。"② 作者谈及人称与功能语气的问题,以往的研究提出第二人称只能跟祈使语气搭配,疑问语气只能是第二人称或第三人称,作者提出这是因为从言语行为理论角度看的。祈使句和疑问句都是命题指向听话人的,都是要求听话人作出回答的,只是祈使句要求听话人用行动回答,疑问句要求听话人用言语回答。以往的研究只是揭示了其中的一部分问题,有更多的问题可以作进一步的探索。

朱敏提出:"不同意志语气和人称之间的选择性表现不同:有些意志语气,与不同人称之间的选择差异表现为有无标记的缺值对立;有些意志语气,不同人称之间的选择差异只是表现为程度不等的级差对立;另有一些意志语气,与不同的人称之间的选择性差异非常小。作者认为可能语气和不同人称之间则一般表现为级差对立或零对立。另外,人称和意志语气的选择通常在一定的功能语气框架中进行的。"③ 我们参考学者们的研究成果从语气的角度探讨"要"和"能"的不同句类中的语气功能和二者与人称代词的关系。

---

① 齐沪扬:《语气词与语气系统》,安徽教育出版社 2002 年版,第 237—239 页。
② 同上书,第 44 页。
③ 朱敏:《现代汉语人称与语气选择性研究》,博士学位论文,上海师范大学,2005 年,第 118 页。

三 结构安排

本书共分六个部分：

第一章，绪论。说明前辈和时贤们研究助动词和助动词"要"的研究状况、本书的研究方法、理论背景和意义所在。

第二章是"要"的历时来源及五种助动词的共时研究。首先说明"要"的历时来源，再给助动词"要"和动词"要"进行划界，借助前贤们研究助动词和动词的标准，考察"要"的助动词性和动词性之间的差别和共性，用认知语言学家族相似性理论来解释二者的关系；接着以助动词"要"的"意愿类、必要类、可能类、估计类和将要类"为主要研究对象，运用三个平面理论研究它们的共时情况，考察它们的句法、语义和语用特征。我们认为它们在共时平面上存在着结构和功能上的区别，有着各自的特点。

第三章从主观性角度比较意愿类"要"和"想"，主要讨论意愿类"要"和"想"的主观性差异。首先说明"要"和"想"的相关性，其次从主观的角度对二者的句法、语义和语用上的区别特征进行分析并进行认知解释，最后从主观性的角度分析二者之间的主客观差异、主观化和主观量的程度。

第四章为可能类助动词"要"和"能"的共时研究。首先分析"要"和"能"的相关性。通过替换分析，认为二者在基本意义上有限制；通过对比分析表明二者的相关性比较低，但是各自都有可以表达"可能意义"的特点。最后运用三个平面理论，分析二者的句法、语义和语用方面的区别和特征。

第五章探讨可能类"要"和"能"的语气功能。首先讨论汉语的语气研究概况。其次，通过标记理论来考察"要"和"能"的语气功能，考察二者在语气上的区别，再考察二者和人称代词的关系，最后讨论二者的否定语气区分。

第六章将汉语助动词"要"与缅甸语对应的相关助动词进行对比。首先概述缅甸语助动词研究的总体情况，其次分析汉语助动词"要"和缅甸语相关助动词用法上的差异，通过对比两种语言助动词句法、语义和语用上的差异，提出两种语言在助动词的句法、语义和语用上的不同和特点。

　　总之，本书着眼于五种助动词"要"的共时研究，在一定的程度上填补了学术研究上的空白；助动词"要"和同类的部分助动词的对比研究，减少了同类助动词间混用的情况；通过汉缅语相关助动词对比研究，提出了不同语言之间的区别与共性特征，填补了语言学界汉、缅语助动词语法对比研究的空白。

第二章

助动词"要"的历时来源及共时研究

本章首先借鉴学者卢卓群[①]对助动词的历时研究成果解析助动词"要"的来源,即从历时方面来认识"要"从名词到助动词的历时来源。其次对助动词"要"的五种义项进行共时研究,分析五种助动词的句法、语义和语用方面的特点。

第一节 "要"的历时来源

一 由名词"要"到动词"要"

卢卓群认为"要"本为名词,意义为人的身体部位腰,读作 yāo。《说文·臼部》:"要,身中也。"此后,人们的生活经历促使这个词演变成动词的用法:常在人的腰间用的物品,这样慢慢引申出腰间(处所)经常出现的动作,而产生动词义。具备了活用作动词的条件后逐渐出现这种动词的用法。我们从卢文引用例证,[②] 例如:

(1) 要之襋之,好人服之。(《魏风·葛屦》)

例(1)中"要"活用为动词,指"缝(裙子的腰)",句意是腰、领(襋)缝好(指衣裳缝好)拿给"好人"(美人)。可见,《诗经》时

[①] 卢卓群:《助动词"要"汉代起源说》,《古汉语研究》1997 年第 3 期。
[②] 同上。

代，作腰讲的"要"已活用为动词了。随后，"系在腰间"这个动词的意义一直从《诗经》时代经过战国时期活用到汉魏时期，并被普遍使用。例如：

(2) 闵子**要**绖而服事。(《公羊传·宣公元年》)

(闵子腰间着绖以服丧。绖（dié），用粗麻制成的宽腰带。古丧服的一种。一说为古代汉语丧服中的麻带。以此表示对死者的思慕。)

再如：

(3) 纡皇组，**要**干将。(汉·张衡《东京赋》)

(纡，系结，垂下。皇，大。组，组绶，用来佩系大印、美玉等的丝带。干将，剑名，为吴国人所造。)

在此历程中，"要"引申出"从中拦截"义。这是发展中的关键一环。例如：

(4) 吴人**要**而击之。(《左传·襄公五年》)
(杨伯峻注："从中拦阻而攻击之。")

从拦截义直接引申的意义是"求取、求得"，其深层义有"希望、想"之类的意思。同时，"拦截"也表明了拦截者主观上定要得到，又可产生"应当、须要"等义。例如：

(5) ……非所以**要**誉于乡党朋友也。(《孟子·公孙丑上》)
(要誉：求取名誉。)

这是"要"直接引申出"应当、须要"等义的例子。"求取"义是动词发展中的又一个关键，即动词"要"向半虚化的助动词发展的关键。可见，到战国时期，"要"已发展成一个多义项多种用法的动词。

二 由动词"要"到助动词"要"

卢卓群在《助动词"要"汉代起源说》一文中提到太田辰夫说助动词"要"是从唐代就有的。作者在文中通过追寻它在汉代以前和汉代以后的魏晋南北朝、唐宋等时期的演化状况,讨论助动词"要"的发展轨迹,再进一步认识助动词"要"的历史发展。作者认为动词"要"的内部条件在春秋战国时期就具有准备演变到助动词"要"的词义基础。[①] 江蓝生发现单独作助动词的"要"最迟是在中晚唐出现的。[②] 王力曾经认为,唐宋以后,"欲"的意义也可以说成助动词"要"。在魏晋南北朝时期"要"与"欲"同义联合而共存,到唐代,竞争胜利,作为"意志式"助动词开始独立使用。[③] 杨伯峻、何乐士也说,单独作助动词的"要"唐代就出现了。[④] 其实,"要"单独作助动词在东汉班固《汉书》中已见到。助动词"要"是由先秦时期表示求取、求得义的动词"要"半虚化而成的。

卢文提出词义演变的因素还制约着"外部条件"句法结构和语境。内部和外部条件又是互相影响的。作者用了一条含有拦截义动词"要"的例句来试作一个拟定性分析。请看例句:

(6) 葛伯率其民,**要**其有酒食黍稻者夺之。(《孟子·滕文公下》)

把这个句子变成下面的句子,例如:

(7) 葛伯率其民,**要**而夺其有酒食黍稻者。

卢文分析结果表示:去掉指代的"之",其义不变,但"要"字的作

[①] 卢卓群:《助动词"要"汉代起源说》,《古汉语研究》1997年第3期。
[②] 江蓝生:《八卷本〈搜神记〉语言的时代》,《中国语文》1987年第4期。
[③] 王力:《汉语语法史》,商务印书馆1989年版,第252页。
[④] 杨伯峻、何乐士:《古汉语语法及其发展》,语文出版社1992年版,第217页。

用减弱，主要动作行为是"夺"，即使不说"要"，根据上下文，拦截义也能体现出来。杨伯峻注引《史记·孔子世家》云："孔子去遭适宋，与弟子习礼大树下。宋司马桓魋欲杀孔子，拔其树。孔子去。""将要而杀之"变作"欲杀孔子"，司马迁似乎悟出了"要"中有表意志的助动词"欲"的内在语义。到宋代，把"要"模糊地理解为"求"，即"将要 | 求孔子而杀之"，跳过了引申为拦截一步。同时又把司马迁理解的"欲"变成了"（将）要"。这些注疏、转述的材料，把"要"的内在语义由"隐"而转"显"。"必要式"助动词最先在汉代时出现，从西汉到东汉，"要"有很明显的发展变化。

总之，据现有资料"要"为名词的历史来源大概早在春秋战国时期，因为在战国时期"要"发展成为多义动词，从此向"半虚化助动词"准备发展，助动词"要"最先出现于汉代，出现"必要式"助动词"要"。唐代出现了"意志义"助动词"要"，而"要"有"欲"义汉人司马迁已经有所察觉。到宋代，"意志式"出现了一种尚待实现的"将然态意志"，表现出一种动作或事物的发展趋势，产生将要、快要的意思。王力先生说，"要"用来表意志，并逐渐成为它的主要用法。直到东汉，动词"要"发展成为"必要式"助动词。到元明时期，助动词"欲"已成弱势，反过来依附于"要"。宋代以后，"要"的发展日趋强大，到清代，助动词"要"已可以广泛地独立使用，基本上替代了助动词"当、须"和"欲"的用法，成为这类助动词的主要代表者，并一直延续到现代汉语中。

通过上面卢文的分析和例证，"要"的历时发展来源线索如下：

名词"要 yāo"：人的腰→动词"要"：系在腰间→从中拦截→求得/求取（先秦）→助动词"要"：须要/应当（必要式）（两汉魏晋南北朝）→想/希望（意志式）（唐代）→将要/快要（宋代）→（元明清）→（现代）。

解析"要"的历时发展来源后下面继续讨论"要"在句法、语义和语用方面的共时情况和特征。

第二节 助动词"要"和动词"要"的划界

《语法讲义》一书中将助动词概括为"助动词是真谓宾动词里的一类"。书中提出助动词的特点:"(1)只能带谓词宾语,不能带体词宾语;(2)不能重叠;(3)不能带后缀'了、着、过';(4)可以放在'~不~'的格式里;(5)可以单说。"①《现代汉语描写语法》提出助动词(能愿动词)和一般动词的主要区别:"助动词不能带宾语,不能重叠,不能带时态助词,不过助动词可以单独作谓语,回答问题。助动词的主要功能是在动词前充当状语。动词的主要功能是在主谓短语中充当谓语,述宾短语中充当述语。"②

"要"有动词和助动词两个词性,下面我们从结构和形式上来界定助动词"要"和动词"要"。

一 助动词"要"

关于确定助动词是否有一个统一的标准,前辈学者和时贤们的看法到目前为止还未能达成一致。朱德熙③认为要根据词的语法特点采取形式标准。黄伯荣、廖序东④从形式和意义上作标准:助动词是能用在一般动词、形容词前边,表示意愿或可能、必要的动词,在句子里常作状语的一类。马庆株⑤认为助动词是只能后加谓词性成分的非自主动词,不能自由构成肯定祈使句。周有斌⑥指出确定助动词的标准有三个:"1.意义上的标准。是指只能用在动词前面对该动词起评议作用的词。2.形式上的标准。(1)能受'不'或'没'的修饰;(2)在句中出现时语义上不与主语发生直接关系;(3)不能重叠;(4)不能带'着、了、过';(5)不能作定语。3.助动词内部差异。"按照上述标准符合度的不同,作者把助

---

① 朱德熙:《语法讲义》,商务印书馆2009年版,第61页。
② 张斌主编:《现代汉语描写语法》,商务印书馆2010年版,第104页。
③ 朱德熙:《语法答问》,商务印书馆1985年版,第11页。
④ 黄伯荣、廖序东主编:《现代汉语》下册,高等教育出版社2002年版,第15页。
⑤ 马庆株:《能愿动词的连用》,载《汉语动词和动词性结构·一编》,北京大学出版社2005年版,第44页。
⑥ 周有斌:《汉语词类划分标准及助动词的确定》,《淮北职业技术学院学报》2008年第6期。

动词分为典型助动词、次典型助动词、准助动词三大类。典型助动词指同时具备上述条件的；凡是既符合意义标准，又符合部分形式标准的称为次典型助动词；凡是符合条件"2"，不符合条件"1"的，把它称为准助动词。胡裕树认为，表示可能的动词叫助动词。①

我们来看下面助动词"要"的一些用法，例句：

(1) 我**要**学汉语。
(2) 研究生**要**发表文章。
(3) 明天**要**下雪。
(4) 我们这一届的学生**要**毕业了。
(5) 对学习认真的学生成绩比一般的学生**要**好。

我们发现例（1）至例（4）形式对应的句法结构是"NP（主语）+ 要 + VP（谓词宾语）"，"要"字都在动词前面充当状语，对该动词作评议，符合周文的第一个标准，即意义上的标准，也符合《语法讲义》说的助动词的特点。例（5）的"要"后面接形容词谓语，形容词可以充当谓语。可见，上述例句的"要"后面带的都是谓词性宾语，又符合《现代汉语描写语法》提出的与动词的区别特征。

再举例子：

(6) 有暴风雨，大家**不要**去海边。
(7) 天黑了，**不要**回家了。

上述分析可见，例（6）和例（7）能受"不"的修饰，"要"前面可以修饰副词"不"，表示命令或禁止的意思，符合周文的第二个标准，形式上的标准。这种助动词在语义上看也不跟主语发生直接关系，又不能重叠，不能带"着、了、过"，不能作定语，又符合周文提出的第二个标准里的其他条件。第三个标准，按照助动词内部小类来分析，上面这类助动词否定形式的意义上来判断是"必要类"助动词。可见，这种"要"

---

① 胡裕树主编：《现代汉语》，上海教育出版社 2011 年版，第 287 页。

就是助动词之中的最典型的一类。

再如：

(8) a：你**要不要**去？
　　b：**要**去。
(9) a：孩子们，周末**要不要**去游乐场？
　　b：**要，要，要**！

上面例（8）a 和例（9）a 都可以进入"～不～"的格式里，例（9）b 也可以单独作谓语，可以回答问题。根据《语法讲义》和《现代汉语描写语法》提出的助动词的特点，例（8）和例（9）中的"要"都是助动词。

《语法讲义》《现代汉语描写语法》和周文都指出助动词不能重叠，也不能带"着、了、过"。那么助动词"要"也是同样的情况吗？例如：

(10) *今天考完试后他们**要要**看电影。
(11) *我**要着**回家吃饭。
(12) *下课后孩子们**要了**玩游戏。
(13) *天冷了，大家**要过**穿暖的。

上面例（10）到例（13）都根本不能成立，换句话说，这些句子中的"要"是助动词性，因此不能重叠，不能带时态助词"着、了、过"。上面的分析提出助动词的基本特点，我们认为助动词还有跟动词不同的其他特点，但因为跟动词性"要"比较说明才更明显，所以我们把助动词的一些特点放在下面的动词性"要"的分析中去讨论。

二　动词"要"

张斌提出："动词的主要功能是在主谓短语中充当谓语，述宾短语中充当述语，后面带名词性宾语。"[①] 例如：

---

① 张斌主编：《现代汉语描写语法》，商务印书馆 2010 年版，第 96 页。

(14) a：你**要**什么？

b：我**要**一本书。

(15) 这本词典我还**要**，那本**不要**了，你拿去吧。(《现代汉语八百词》)

(16) 妹妹你**要不要**辣酱？

(17) 奶奶，您**要**眼镜吗？

例（14）和例（15）中的"要"都充当谓语，后面有名词性宾语。例（16）表明动词性"要"也能进入"~不~"的格式里进行提问，例（17）为一般疑问形式，"要+N+吗？"，宾语也是名词性，这些例句都能成立，表明这些句子中的"要"是动词性"要"。

再如：

(18) 昨天我跟老张**要了**两张票。(《现代汉语八百词》)

(19) 他**没**跟我**要过**什么。(同上)

(20) "真**不要**脸，还手拉手呢。"(王朔《永失我爱》)

(21) "不不，坚决**不要**。人家说了，有孩子夫妻感情就淡了。"(王朔《过把瘾就死》)

(22) 村里的3辆拖拉机和8挂马车拉了一个月，谁也**没要**一分钱报酬。(《河北日报》1990)

刘月华指出"动词在句子里主要作谓语，多数动词可以带动态助词'了、着、过'，动词可以用'不'和'没'来否定"[①]。例（18）"要"后面接时态助词[②]"了"，例（19）"要"后面接时态助词"过"，是否定句"没……要+过+NP"中出现的。因而，例（19）还表明"要"的否

[①] 刘月华等：《实用现代汉语语法》，商务印书馆2009年版，第151页。

[②] 注：张斌《现代汉语描写语法》，商务印书馆2010年版，把"了、着、过"称为"时态助词"；刘月华《实用现代汉语语法》，商务印书馆2009年版，称"动态助词"；本书的论点中对"了、着、过"统一称为"时态助词"。

定可以是"没",例(20)到例(22)中的"要"用"不"和"没"来否定,"要"后面接的是名词性词语。例(21)"要"后面省略名词"孩子"。综上所述,上面这些"要"都可以确定是动词性的。再看下面的例子:

(23)"孩子还是**应该要**一个的,一个家么。"(王朔《过把瘾就死》)

(24)"**还是要**。现在**可以不要**,将来**一定得要**,否则老了怎么办?"(同上)

动词性"要"前面可以受一些副词和助动词的修饰。如例(23)和例(24)中的"应该+要","还是+要","可以+不+要","一定+得+要"。助动词"要"也可以受副词和助动词的修饰,换句话说,助动词可以连用。例如:

(25)我的心略略得到了一丝安慰,暗下决心我**一定要**唱好!(《中国北漂艺人生存实录》)

(26)实际上,人类使用火的历史**还要**长,北京猿人已学会了管理火。(《中国儿童百科全书》)

(27)那凄凄惨惨的场面使他的心**简直要**碎了。(语料库在线)

(28)我**很想要**买一个很大的有毛柔柔的大熊娃娃。

(29)她整天不舒服,**可能要**去医院了。

例(25)至例(27)中"要"前面都可以修饰"一定"、"还"、"简直"等副词。例(28)"要"前面同时修饰程度副词"很"和助动词"想",但是程度副词"很"不能直接修饰助动词"要",关于这种情况我们将在下面的小节里专门讨论。因此,"要"不管是动词还是助动词都可以受一些副词的修饰,至于例(28)、例(29)中的"想要"和"可能要",说明助动词可以连用。

再看程度副词"很"修饰动词"要"的例子。例如:

（30）"飞脚旋子"、"小翻"、"跟头"、"跺子乌龙搅柱"这些京剧里技术较高的动作，练起来**很要**功夫，做好十分困难，格法要一关一关地闯，练功房里洒下了他苦练的汗水。（《人民日报》1996）

（31）这属于我们传统戏曲中一个人单独表演的折子戏，是**很要**功力的，而李黎处理得既流畅又出色，毫不沉闷。对于袁纾，她则是把他放在与韩波的对比中求得表现。（《当代\报刊\读书》）

（32）博士继续分析下去，"这种人**很要**面子，他平时行为检点，不做任何在他认为是有失体面的事"。（《读者（合订本）》）

（33）——这世上只要有那些"**很要**脸"的男人存在，就一定会有她们这些"不要脸"的女人。（古龙《天涯·明月·刀》）

（34）请安磕头现在早经废除。据说磕头磕得好看，**很要**一番研究。我虽不会磕，但逢时遇节很愿意磕两个头。（张爱玲《洋人看京戏及其他》）

例（30）至例（34）的结构上"很"置于"要"之前，说明"要"可以受程度副词的修饰，再看"要"的后面都是名词谓语"功夫"、"功力"、"脸"、"面子"、"一番研究"等名词性词语。因此，动词"要"可以直接受程度副词"很"的修饰，助动词则没有这种功能。例如：

（35）*我**很要**吃饭。
（36）*大家**很要**玩游戏。
（37）*这个学生比那个**很要**认真。

再举例子：

（38）妈妈**要**的衣服是这种，不是那种。
（39）她是不是我心目中从小就想**要**的那个人？（王朔《过把瘾就死》）
（40）受过专门数学训练的妇女，在解释如何计算时说：我只是

记住要计算的数,过一段时间,头脑中就会自动显示出所**要的答案**。(《中国儿童百科全书》)

例(38)至例(40)中的"要"能在定中结构中充当定语的一个成分。因为"要"后面加结构助词"的"以后整个词组都变成"名词性":"妈妈要的衣服","我想要的那个人","所要的答案"等定中结构。因此,动词性"要"能充当定语的一个部分,那助动词"要"呢?我们把上面例(38)和例(39)中"要"的后面加个动词"买"和"见"看看,比如:

(38′) 妈妈**要买的衣服**是这种,不是那种。
(39′) 她是不是我心目中从小就想**要见的那个人**?

例(38′)和例(39′)中"要"的后面加"动词"后句子还成立,"妈妈要买的衣服"和"我要见的那个人"等词组中"要"在动词前,充当状语,所以是助动词性。因此,助动词"要"也能出现在定中结构中,充当定语的一个成分。

再举例,"动词'要'+趋向补语'来'"结构:

(41) 我向张欣**要来**沈同平的部队番号和地址,动身去他那里。(王朔《空中小姐》)

我们发现例(41)中说话人"我"向张欣拿沈同平的部队番号和地址,句子中"要"的词性很明显是"动词",是《现代汉语词典》(第5版)的"要$_2$"的第二个义项"索取"意思。可见,动词"要"的后面可以加上趋向补语"来",后面再接宾语,而助动词"要"没有这种用法。例如:

(42) 学院里**要来**一位新老师。
(43) 知道我**要来**,那位女孩正帮刘斌做饭,边做饭边和刘斌挤眉弄眼的,让我直以为是刘斌的女朋友。(《中国北漂艺人生存实

录》）

（44）每当鳄鱼饱餐之后，懒洋洋地躺在河边闭目养神时，乖巧的千鸟总**要来**替它整理一番。（《中国儿童百科全书》）

（45）某经理对秘书说："下午四个工厂的代表**要来**参观，请你接待一下。"（《中国儿童百科全书》）

例（42）"要"后面的"来"是一个实义动词。助动词"要"后面接"来"以后，"要"表示将要，快来了新教师；也可以理解成需要，因工作需要，请来了新老师。"一位新老师"是施事名词作宾语，"来"是表示实义的趋向动词，是《现代汉语词典》（第5版）的第一个义项"从别的地方到说话人所在的地方（跟'去'相对）"，而不是趋向补语"来"。例（43）中的"来"也是实义的趋向动词。"我"当主语时"我"后面的部分是谓语，"要来"是述宾结构，"来"是谓语，所以"要"在"来"前面充当状语，表明其是个助动词。例（44）和例（45）中"来"是《现代汉语词典》（第5版）的第五个义项："用在另一动词前面，表示要做某件事。"因此，"要来替它整理""要来参观"这些连动结构的"来"也是"动词"，证明前面的"要"是助动词。通过上面的分析可以知道动词和助动词"要"的不同的功能。

三　助动词"要"和动词"要"的区别

按照上面的分析可见，助动词"要"和动词"要"在结构和功能上有不同之处。比较明显的差别是助动词"要"充当"状语"，修饰其后的谓词性成分，谓词性成分可以是"动+宾"结构，也可以是"连动"结构。动词"要"充当"谓语"，后面带名词性宾语。动词"要"后边能带"了"和"过"，助动词则不行。助动词"要"只能受否定副词"不"的修饰，动词"要"能受"不"和"没"的修饰。助动词"要"不能受程度副词"很"的修饰，动词"要"则能接受。助动词和动词"要"都能充当句子中的定语的一个成分，如："主语+要+动词+的+名词"和"主语+要+的+名词"结构。为了更清楚地看出助动词"要"和动词"要"的区别特征，请看表2—1。

表 2—1　　　　　　助动词"要"和动词"要"的区别

		要	
		助动词（aux）	动词（V）
1.	句子中充当的成分	状语	谓语
2.	宾语的性质	"动词、形容词"等谓词性宾语	名词性宾语
3.	后面带时态助词"了"和"过"	－	＋
4.	受否定副词"不"和"没"的修饰	只能受"不"修饰	＋
5.	前面修饰部分是副词或助动词	＋	＋
6.	受程度副词"很"的修饰	－	＋
7.	能充当定语的一个成分	＋	＋
8.	后面可带趋向补语"来"	－	＋

根据卢卓群[①]"要"的历时来源发展连线中证明，助动词"要"的前提是"动词'要'"，而且从前贤们研究词类的特点中也提出过助动词是动词的附类，因此不能把它们分得一清二楚，只能划分出它们之间的结构和形式上的一些明显特点和差异。既然助动词是动词的一类，我们就从认知语言学家族相似性理论的角度来进一步解释助动词"要"和动词"要"的划界。Wittgenstein 提出："成员之间的关系就像同一个家族当中的不同成员，在某个方面表现出相似性，却不完全相同。范畴内部成员之间并不一定共同享有相同的特征。同一个家族的不同成员的属性，并不是彼此重合套叠，而是以环环相扣的方式通过相似性而联系起来成为一类。"[②] 请看下面的助动词和动词"要"的家族相似性关系图（图 2—1）：图中把动词标志为"V"（Verb），把助动词标志为"aux"（auxiliary verb）。

图 2—1 中阴影部分属于动词"要"和助动词"要"之间有联系的部分，即相似部分。如表 2—1 中助动词"要"和动词"要"区别特征表中的第 5 项（前面修饰部分是副词或助动词）和第 7 项（能充当定语的一个成分），这表明助动词属于动词的成员。空白部分表示它们各自本身的

[①] 卢卓群：《助动词"要"汉代起源说》，《古汉语研究》1997 年第 3 期。
[②] 陈忠：《认知语言学研究》，山东教育出版社 2006 年版，第 59—60 页。

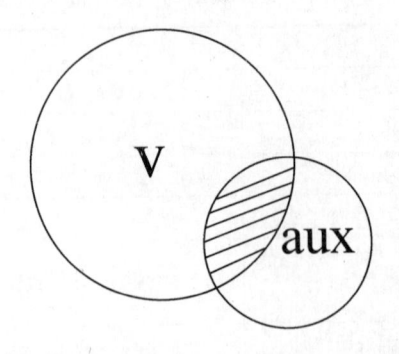

图 2—1　助动词"要"和动词"要"的家族相似性关系

特点：表 2—1 中的第 1 项（句子中能充当的成分）、第 2 项（宾语的性质）、第 3 项（后面带时态助词"了"和"过"）、第 6 项（受程度副词"很"的修饰）及第 8 项（后面可带趋向补语"来"）。第 4 项（受否定副词"不"和"没"的修饰）则属于中间状态。可见，助动词"要"还是跟动词"要"有共时平面结构和功能上的差别，即有自己的特点。

我们证明了"助动词"和"动词"的区别特征后，下面对本书的主要研究对象"助动词'要'"的共时情况进行分析，提出它们的句法、语义和语用特征。

第三节　助动词"要"的三个平面分析

本书借鉴《现代汉语八百词》和《现代汉语词典》（第 5 版）两部著作，把助动词分为五大类（意愿类、必要类、可能类、估计类和将要类）来进行区分，提出一些鉴别标准；在北大语料库 CCL、语料库在线 www.cncorpus.org 和中国现当代小说网上查到的七万多条"要"的例句作为语料，首先将搜索到的"要"句分为动词性和助动词性，把动词性"要"句避开，给助动词性"要"分成意愿类、必要类、可能类、估计类和将要类五种义项，再对各类助动词"要"的用法进行分析及描写，应用三个平面理论对助动词"要"进行详细研究。

一 句法分析

关于助动词的名称问题,见仁见智,各有各的不同说法,本书为了说明清楚,把这五种助动词的名称称为:(1)意愿类;(2)必要类;(3)可能类;(4)估计类;(5)将要类。

(一)意愿类"要"

语料分析结果表明意愿类"要"的句法一般有五种,分别是:(1)要+V/要+VP;(2)要+想+VP/想+要+VP;(3)要+副+VP/副+要+VP;(4)V+了/过/着+要+VP;(5)要+介词短语+N+VP。

1. 要+V/要+VP

第一组"要"后面接动词或动词短语。

(1)如本溪职工家属史大嫂,在家忙着杀鸡,别人问她为什么杀鸡,她说:"**要**吃就杀。"(《怎样对职工家属进行时事教育》)

(2)烘炉刚点火那天,就有几辆汽车上门来**要**修理。(高驰《山海关前不老松》)

(3)他就嚷起来:"我**要**上学!"(吴小武《伟大的国际主义战士罗盛教》)

(4)有位同志今天结婚,我**要**去祝贺。(赵淮青《中南海畔海棠红》)

(5)我**要**拍许多电影,把从影看作是我的职业。(宋幸福《科拉松幼女梦想当明星》)

(6)不客气说,你**要**写什么,读者不看也能猜出个八九不离十。(祖慰《"拷贝"李秀森》)

(7)她听说儿子**要**学摄影,省吃俭用,花了二三十元钱,买了只陈旧不堪的照相机,每月还得买摄影、冲印材料。(江迅《汤晓丹一家》)

例(1)至例(7)中的"要"后面都是动词谓语:"吃""修理""上学""去祝贺""拍许多电影""写什么""学摄影"。这里的"要"分别代表说话人或者"我"的意愿或愿望,表示动作发出者的主观表述。

例（1）中史大嫂为了实现自己的愿望"吃鸡"而杀鸡，因此说出"要吃就杀"简单的话来表示她的意愿。例（2）"……就有几辆汽车上门来要修理"也表示这些车主愿意主动上门来修理他们的汽车这个情况。例（3）至例（5）都表示说话人"我"的意愿。例（6）则用问句来突出回答者的意愿，"你要写什么"用问句来提出对方的愿望。例（7）"她听说儿子要学摄影，省吃俭用……"表示母亲客观地来表述儿子的愿望。因此，助动词"要+V/VP"这种句法形式可以表达意愿义。

2. 要+想+VP/想+要+VP

第二组"要"跟"想"同时出现。

（8）特别在目前条件下，**要想**消灭一切病原体尚不可能。（上海科学技术出版社《鱼病学》）

（9）**要想**生存下来，**要想**在生存中求发展，一切都得靠自己，想成功谈何容易。成功离不开自身的努力，但有时也要碰运气。（《中国北漂艺人生存实录》）

（10）因此，如果你**想要**提高记忆力，就应当经常作一些调整，以便使脑细胞处于最佳的工作状态。（《提高记忆十五个要点》）

（11）但年轻的胡适却似乎不为所动，**想要**安安静静地走一条做学问的路。（刘东《衰朽政治中的自由知识分子》）

第二组"要"的前面或后面出现"想"，后面接动词短语。例（8）和例（9）"要想消灭一切病……"，"要想生存下来，要想在生存中求发展"中"要"和"想"都充当动词"消灭""生存""求"的状语，"要"后面接"想+VP"，"要"表达的意愿是比较强烈的，修饰后面的整个"想+VP"。例（10）是说话人提出听话人的意愿，句子中表达别人的愿望，因此，不能直接用"要"来表达，"要"的前面再修饰"想"才恰当："想要提高记忆力。"例（11）表述胡适年轻时的意愿，即"要"前面再修饰"想"，"……想要安安静静地走一条做学问的路"。发现说话人提出自己的主观愿望时用"要"更有把握，替别人说出别人的意愿时不能直接用"要"，"想"在"要+VP"前面来修饰。

3. 要+副+VP/副+要+VP

第三组助动词"要"与副词共现时可以分两种情况：一是"要"后加副词，再加谓词短语；一是"要"前有副词性成分修饰。例如：

(12) 他还是选了鸽子——他**要**继续研究鸽子。(徐民和《飞翔吧！神奇的鸽子！》)

(13) 他又**要**搞好本职工作，又**要**坚持业余音乐创作是多么不易啊！(吴承基《火葬场的音乐家金苗岭》)

(14) 有一天，他就对爸爸说："我也**要**上学，他们都上学，为什么不让我上学？"(吴小武《伟大的国际主义战士罗盛教》)

(15) 但我当然**要**回来，这还用说么？(达为《宋丹丹，透明的姑娘》)

(16) 她决心**要**找个更强大的男人，气气这个狂妄无情的小子。(蒋子龙《净火》)

例(12)中"要"后面接副词和动词短语，主语"他"还是选择要继续研究鸽子，表示把自己的愿望坚持下去。例(13)中"要"的前面都有副词修饰，"又要搞好，又要坚持"中的"要"表达的不是一般的意愿，对两个愿望同时表示强大的意愿。例(14)中"我也要上学"表示别人都上学，说话人他也要上学这样的强大意愿。例(15)和例(16)"当然要回来"和"决心要找……"都表示坚定的意愿。当"要"后加"副词+谓词性短语"时，"要"修饰的是整个其后谓词部分，表示对后面成分的一种意愿。而"副词+要+谓词性成分"是副词修饰或限定"要+谓词性成分"，二者的语义不一致。

4. V + 了/着/过 + 要 + VP

动词后面加助词"了、着、过"句子中出现的"要"。

(17) 看完后产生了**要**去书中描绘的八角街看一看的想法。(高放《昨日的梦和黎明时的幻想》)

(18) 她就急着**要**亲自看课，亲自选择演员。(谢大光《选择》)

(19) 我年轻时就表示过**要**和家庭决裂。(余心言《建立社会主义的家庭教育学》)

第四组句法形式表示"要"可以在不同时态中出现，例（17）中看完书后产生"去看看八角街"的想法，就是用"要"来更强调说话人当时马上产生的意愿。例（18）中"要"的前面"急着"表示正在发生的意愿，后面的"亲自"也表示很强的意愿。例（19）中"年轻时就表示过"表示说话人过去到现在的意愿，虽然说话人的意愿是负面的，但是句中的"要"却表明说话人的意愿很强烈。

5. 要 + 介词短语 + N + VP

第五组"要"后面接介词短语"为 + 名词/跟（和） + 名词/向 + 名词/用 + 名词"，后面再接动词短语。

（20）我先**要**为白帝城唱一支歌。（袁鹰《TO州秋兴》）

（21）她，**要**跟这位新出现的老朋友——廖贻训同志谈谈心。（毛茂春《歌·生活·力量》）

（22）现在，你已是全班第一名了，我们都**要**向你学习，我们还会继续帮助你。（《中国青年报》1992）

（23）喻林祥坚定地说："我死也**要**和你们在一起；我干不动了，就站在这里；即使累倒了，也躺在大堤上！"（余心言《建立社会主义的家庭教育学》）

（24）后来，我暗暗地下了决心，**要**用自己的耐心等待来证明对他的忠诚。（陈国权《幸亏她的指点》）

例（20）至例（24）中"要"的后面接的都是介词短语或某对象，后面是"要"修饰的主要谓语，说话人为这些对象作出的意愿。其中例（23）表达非常坚定的意愿。例（24）"要"后面接介词"用"的短语，是一种方式，表达说话人暗暗下决心证明自己对对方的忠诚，他用耐心的心理方式来表达他的意愿。

（二）必要类"要"

根据语料分析，发现必要类助动词"要"出现的句法形式主要有六种：第一组是句首的"要"，后面接动词性谓语；第二组"要"后面接"动补短语"；第三组"要"后面接"形容词/形容词短语"；第四组

"要"的前后出现"副词";第五组"要"出现在"难道……?"问句中;第六组"要"后面接处所词,后面再接动词谓语。

1. 要 + VP

(25) 小孩出生后,**要**举行各种仪式,依据《古兰经》取名字。(北大语料库)

(26) **要**嫁个更光彩的人家,才对得起你父母!(张玲《小雨珠》)

(27) 他说,耀邦同志来我省视察工作时指示我们:**要**创新务实,**要**创造性地进行工作。(《河北日报》1986)

(28) 此外,生活上**要**有规律,多参加文体活动,促使身体健康成长。(任树德、孙传贤《生理卫生》)

(29) 鲁迅早就提倡过**要**办"父范学堂"。(《建立社会主义的家庭教育学》1982)

上面例(25)和例(26)中"要"出现在句首,后面接动词短语,"举行各种仪式"和"嫁个更光彩的人家"都是必要做的事。例(27)中"要"表示领导指示大家需要做什么。例(28)"要"强调生活上必要做的事,要有规律。例(29)表示过去时态,早就提倡过必要办这件事,这表明过去时态句中的"要"表示必要的"强调"。因此,必要类"要"的第一组句法特点是后面接动词性谓语,表示强调必要性。

2. 要 + 动补短语

(30) 谢老严格要求孩子们写信、写文章,文字**要**写得清楚,使人家容易看;写得美,使人家喜欢看。

(31) 要活着,就**要**活得有价值,生活得有意义,别辜负时代,别浪费青春。(王桂芹《不骄傲,继续前进》)

(32) 早餐**要**吃得饱,午餐**要**吃得好,晚餐**要**吃得少。

(33) 汉语**要**学得好,这样在上海找到好工作就不是个问题的。

第二组句法"要"后面接动补短语,具体表示结果"要 + V + 得 + 形容词"。例（30）至例（33）中"写得清楚""活得有价值""吃得饱""吃得好""吃得少""学得好"都表示一种必要的要求。

3. 要+形容词/形容词短语

（34）商品药材的颜色色泽一般是较固定的，色泽的变化与药材的质量有关，如玄参**要**黑，紫草**要**紫，茜草**要**红，黄连**要**黄。（成都中医学院《中药鉴定学》）

（35）我们**要**快一点，不然连末班车都赶不上了。

第三组句法"要"后面接形容词或形容词短语。例（34）"要"后面都是单音节形容词，表示药物的必要颜色。例（35）"要"后面接形容词短语"快一点"，表示必要的要求。

4. 副词+要+VP/要+副词+VP

（36）这次学习**一定要**克服这个毛病，扎扎实实，不走过场。（《河北日报》1986）

（37）我们**不仅要**看到农业生产的大好形势，**还要**看到我省农业潜伏着的问题。（《河北日报》1986）

（38）未经批准正在动工兴建的**要立即**停建。（《河北日报》1981）

第四组是"要"跟副词同现的句子。"要"的前面或后面有副词修饰。例（36）至例（37）中"一定要……""不仅要……，还要……"指必要做的，还需要进行的动作。例（38）中"要"后面出现时间副词"立即"修饰后面的谓语动词作状语，助动词"要"推动"停建"这个动作马上进行的状态。因此，第四组的"要"概括表示必要的推动性。

5. 难道+……+要+VP？

（39）她打断了我的话，"**难道**为了一个不再爱你的人**要**等他一辈子？"（陈国权《幸亏她的指点》）

（40）**难道**是医学家**要**进行空间病理、生理研究？（李树喜《"嫦娥"二号行动》）

第五组句法是在反问语气中出现的"要","要"后面接动词短语。例（39）表示"为了一个不再爱自己的人不必要等一辈子"的意思。例（40）指说话人认为医学家不必要进行空间病理、生理研究。可见，例（39）和例（40）是反问意义的必要类"要"，指不必要做或者不值得这样做。

6. 要+处所+VP

第六组"要"后面出现处所短语，后面再接动词短语。例如：

（41）叶状幼体**要**在海洋中漂浮半年以上，经数次蜕皮后才成为龙虾的模样，经过一段游泳生活再定居于海底，行爬行生活。(《中国儿童百科全书》)

（42）临时中央回电说，至少**要**在抚州、吉安、赣州中选择一个城市攻打。(《当代\史传\周恩来传》)

黄伯荣、廖序东指出"助动词是能用在一般动词、形容词前边"。[①]第六组"要"出现的句法形式不是标准的助动词成分的形式，后面接表示处所存在的短语，后面再接"要"指向的动词短语。例（41）中"要"表示"龙虾的生长过程中叶状幼体必须在海洋中漂浮半年以上"这种情况。例（42）中"要"表示至少在抚州、吉安、赣州中选择一个城市攻打。例（42）中的"要"指有选择性必要。

（三）可能类"要"

根据语料分析结果，发现可能类助动词"要"的句法形式有六种：（1）要+V（的）；（2）副词+会+要+VP（的）；（3）要+动补结构/要+处所+VP+呢；（4）要+连动句；（5）时间短语+要+VP/要+时间短语+V；（6）要+形容词+数量补语+VP。

1. 要+V（的）

（43）"我倒担心你将来的丈夫**要**吃醋。"(王朔《浮出海面》)

（44）现在规定三级财政，实际上是两级财政，只包到中央和大

---

① 黄伯荣、廖序东主编：《现代汉语》下册，高等教育出版社2002年版，第15页。

区两级，包到省有困难，将来还是**要**变**的**。(《邓小平文选》1)

(45) 各地经验证明，我们对此问题处理不郑重是**要**吃亏**的**。(同上)

(46) 毛主席指示正确，我们如果搞自由主义，处处违反，还是**要**失败**的**。(同上)

第一组"要"的后面接动词谓语。例(43)中说话人表示担心将来发生的一种可能性"吃醋"，例(44)至例(46)"要+V(的)"格式中的动词"变""吃亏""失败"表示对将来会发生的事情的结果的可能性。例(44)和例(46)中"要"前面加副词"还是"，句尾往往搭配"的"字，表示强调这些事的可能性。

2. 副词+会+要+VP（的）

(47) 我的朋友又说：他很能知道，这民性，**终究会要**变成一座大爆发的火山。(叶紫《南行杂记》)

(48) 这念头象婴儿似的，总是在我的心里生长着。如果我有了儿孙，这**也许会要**遗传给我的儿孙，要想拔除也是没有用！(萧军《我研究着》)

(49) 而且这种办法也只限于官场，如果我在我的小小客厅之内端起茶碗，由荆妻稚子在旁嘤然一声"送客"，我想客人**会要**疑心我一家都发疯了。(梁实秋《客》)

(50) "悲剧，将来我们**一定会要**闹出悲剧的。"(谢冰莹《穷与爱的悲剧》)

第二组"要"的前面有"副词"和助动词"会"，后面接动词短语。例(47)到例(50)中"会要……的"格式中的动词短语"变成一座大爆发的火山""遗传给我的儿孙""疑心我一家都发疯了"等表示将来会发生的可能性。"要"前面修饰"会"，"会+要"同现时强调将要发生的可能性大，也表示更肯定的可能意义，"会"前面再修饰"终究""也许""一定"等副词，又表示这些动作会发生的可能性程度，其中"终究"和"一定"的可能性程度比"也许"的大。

3. 要+动补结构/要+处所+VP+呢

（51）我怕的是今天晚上的舞会**要**开不成了，因为营里要在琼斯博罗集合呢。（翻译作品《飘》）

（52）外面下很大的雨，恐怕里面**要**待不成了，因为小屋要垮倒了呢。

第三组"要"后面接动补结构。例（51）和例（52）前半句中"要开不成了""要待不成了"表示说话人担心的事情，不希望发生的事会发生的可能，后半句证明这种可能性发生的原因"因为营里要在琼斯博罗集合呢""小屋要垮倒了呢"。

4. 要+连动句

（53）听说中国总理**要**来看我们捕鱼，金边的乡亲们都高兴极了，我父亲特地捎信给几十公里外的亲戚们，让他们都赶来表示自己的心意。（马源《湄公河上的怀念》）

（54）最近，三女儿大学毕业了，**要**分配到青岛去工作。（万关源《爸爸真笨》）

第四组"要"后面接连动句。例（53）中"要"表示说话人转告乡亲们中国总理会来看他们捕鱼的消息，"要"表示一种可能。例（54）"要"表示女儿会被分配到青岛工作的可能性。这些都是将要发生的事情的可能性。

5. 时间短语+要+VP/要+时间短语+V

（55）一般在毕业后**要**等上一年甚至更长的时间。（吴学谦《在法国和比利时的日子里》）

（56）试用期间可能**要**上一两个月的新人培训。

第五组"要"的前面出现"在毕业后""试用期间"等时间短语，后面接动词短语。例（55）和例（56）中"要"后面的动词短语"等上一年甚至更长的时间""上一两个月的新人培训"表示需要更多时间的可能性。

6. 要+形容词+数量补语+VP

（57）很抱歉，泰勒先生**要**晚一会儿来。（黎苏《决斗废车场》）

（58）怎么办，主演**要**晚一小时才能到剧场。

第六组例（57）和例（58）中"要"后面接形容词和数量补语，"晚一会儿""晚一小时"作状语，修饰谓语"来""到"，"要"表示"泰勒先生晚点才到""主要演员晚点到"的一种时间上的可能性。

（四）估计类"要"

语料分析结果表明，估计类"要"一般有三种句法形式：（1）A 要+比 B+AP；（2）A 比+B+要+AP/比起……+要+AP；（3）动词/形容词/副词+要+VP。

1. A 要+比 B+AP

（59）男孩的青春期一般**要**比女孩晚两年。（《生理卫生》）

（60）张燮林说，在这方面，男运动员**要**比女运动员困难，因为他们的攻球速度快，而且高速旋转。（《河北日报》1983）

（61）据科学家研究，在距今约 7 万年到 2 万年这段时期，海水一直处于下降趋势，当时的海平面**要**比现在低 100 多米。（《中国儿童百科全书》）

（62）从生物进化的过程来看，真菌的诞生**要**比细菌晚 10 亿年左右，所以它是微生物王国中最年轻的家族。（同上）

（63）大约在 12 万年以前，地球的自转速度**要**比现在快得多，1 天只有 23 小时 59 分 58 秒，1 年正好是 365.5 天。（同上）

第一组"要"在"比"字句中出现，"要"后面接"比"。例（59）至例（63）都属于比较，"A 要比 B"后面接形容词短语。例（59）"比"字句中的"要"比较并猜测男孩和女孩的青春期。例（60）中的"要"

表示估计男运动员面临的困难会比女运动员多,通过比较猜测出两种不同的情况。例(61)的"要"表示通过研究估计出距今约 7 万年到 2 万年这段时期的海水平面的趋势。例(62)中的"要"也表示"估计真菌和细菌生物进化过程的年代"。例(63)中的"要"表示估计大约在 12 万年前和现在地球的自转速度的差别。

2. A 比 + B + 要 + AP/比起…… + 要 + AP

第二组"要"也在比较句中出现,"要"后面接形容词短语。

(64) 对于延误病例,截胎术的效果一般比剖腹产**要**好。(甘肃农业大学《家畜产科学》)

(65) 难怪许多人在参观了这些企业后赞叹说:"这比一些国营企业还**要**像样。"(《1994 年报刊精选》)

(66) 这种由伸臂和短梁组成的桥,显然比直接横跨两岸的长梁承载力**要**大得多。

(67) 一般合资面包的价格普遍比国产面包**要**高。(《1994 年报刊精选》)

(68) 她的眼中充满活泼的笑章:"她比我想象的**要**漂亮。"(王朔《无人喝彩》)

(69) 比起欧美国家的博士学位,水准**要**高些。(新建设杂志社《苏联的大学教育与科学研究》)

例(64)至例(69)也都是比较句,助动词"要"充当状语,"要"后面接形容词短语,表示估计比较后的结果。

3. 动词/形容词/副词 + 要 + VP

第三组"要"前面有动词、形容词和副词作状语。"要"后面接动词短语。

(70) 九点多了,二哥所料到**要**来贺喜的七姥姥八姨们陆续来到。(老舍《正红旗下》)

(71) 再现面目……我想起来了,我的确来过这个天井院子。那是夏天,院里也在放电影,暮色四合院,夏天的时间显然**要**晚一些。

(王朔《玩儿的就是心跳》)

（72）这时她慢慢的飘了起来，似乎**要**乘风飞举。我连忙拉住她的衣角说，"我往哪里去呢？那条路在哪里？"（冰心《"无限之生"的界线》）

（73）人类呵！你们果真没有同情心么？果真**要**拆毁这已造成的黄金世界么？（冰心《除夕的梦》）

例（70）至例（73）中"要"表示估计，"要"前面修饰"所料到""显然""似乎""果真"等词语表示加强估计义。

上面的分析可见，估计类助动词"要"不仅在比较句中出现，还可以在其他句子里出现，如："动词/形容词/副词＋要＋VP"句。都能表示估计某种不同的情况或结果。

（五）将要类"要"

根据语料分析，发现将要类"要"一般有五种句法形式：（1）要＋VP＋了；（2）快要＋VP＋了；（3）就要＋VP＋了；（4）状态VP＋要＋V；（5）时间状语＋要＋VP。

1. 要＋VP＋了

第一组"要"的后面接动词短语，后面接语气助词"了"。

（74）请兽医来一检查，说没有病，是**要**产羔**了**。（艾影《两只绵羊》）

（75）我想："金老师又**要**作诗**了**！"（田作文《老师敲门来》）

（76）"过了年，我又**要**出海**了**。"（新华社2004年新闻稿）

（77）"谁老去了？"我又急又没办法，"好几天没去了。你放开我吧，人家**要**赶不上车**了**。"（王朔《浮出海面》）

（78）今天，领导要来，**要**决定选谁上戏**了**。自己会选上吗？（《斯琴高娃从草原上来》1983）

例（74）通过兽医的检查，知道那只绵羊快要产羔了的情况，这个句子里的"要"表示"将要"。例（75）"我"认为金老师写诗的动作快要开始了。例（76）至例（78）中的"要……了"表示"出海"、"赶不上车""决定选谁上戏"这些动作都即将要发生的情况。

2. 快要 + VP + 了

第二组"要"前面修饰副词"快",后面接动词短语,句尾有语气助词"了"。

(79) 听到这个消息我很兴奋,都**快要**叫了起来**了**,我的天,我要发财了!(《中国北漂艺人生存实录》)

(80) "真不巧,罗兰是县长请去,吃了饭就去的,大概**快要**回来**了**。"(茅盾《蚀》)

(81) "迟些还要赶通宵,因为电视剧**快要**开拍**了**。"(岑凯伦《还你前生缘》)

(82) 他像憋足了气的气球,就**快要**爆炸**了**。(岑凯伦《青春偶像》)

例(79)至例(82)中"快要……了"表示"叫""回来""开拍""爆炸"等动作将要发生或者即将开始的意思。"快要……了"形式比"要……了"表示更快地发生的情况,因为"快"有"速度高""时间短"的意义。①

3. 就要 + VP + 了

第三组"要"的前面修饰副词"就",后面接动词短语,句尾有语气助词"了"。

(83) "我也不知道,我好久没见过他了……"我不能再说了,再说眼泪**就要**出来**了**。(王朔《浮出海面》)

(84) 我兴奋地说:"我的梦想马上**就要**实现**了**,我很快**就要**成为一个名副其实的演员**了**。"(《中国北漂艺人生存实录》)

例(83)和例(84)的"就要……了"也表示某动作将要发生的情

---

① 中国社会科学院语言研究所词典编辑室:《现代汉语词典》(第5版),商务印书馆2006年版,第791页。

况,"要"前面修饰"表示在很短时间以内或事情发生得早"[①] 此意义的副词"就",因此"就要……了"比"要……了"和"快要……了"更接近发生动作的时间。换句话说,表示马上就要发生的情况。

4. 状态 VP + 要 + V

第四组"要"的前面有表示状态的动词短语,后面接动词谓语。

(85) 她**转身要**走,我挡住了她,低三下四地说:"你别生气。"(王朔《一半是火焰,一半是海水》)

(86) 小玲马上**回头要**看,但是汽车已经开走了。

例(85)和例(86)"要"的前面有表示状态的词语"转身""回头",表示"走"和"看"的动作快要开始了。

5. 时间状语 + 要 + VP

第五组"要"前面修饰时间状语,后面接动词短语。

(87) 阿眉出事后,小沈**刚好第二天要**从北京回来。(王朔《空中小姐》)

(88) 宝宝**过两天要**出生了。

例(87)和例(88)中"要"前面有时间状语"刚好第二天"和"过两天",表示更确定的时间:"小沈快要从北京回来这件事情发生的时间"和"宝宝要出生的时间",这里的"要"表示"将要"。

上面五种句法的"要"都表示将要义。

根据上面的各类助动词"要"的分析,发现各类常用助动词"要"的基本句法形式是"要 + VP","要"在动词前作状语。部分助动词"要"的后面可以修饰形容词作谓语。有些助动词"要"的后面出现副词、介词短语、数量补语、时间词和处所词,它们修饰"要"的谓语动词作状语。为了更清楚地了解各类助动词"要"的句法形式,我们列出如表 2 - 2。

[①] 中国社会科学院语言研究所词典编辑室:《现代汉语词典》(第 5 版),商务印书馆 2006 年版,第 7 页。

表 2—2　　　　　　　　助动词"要"的句法形式

	助动词"要"	句法形式
1.	意愿类	（1）要 + V/要 + VP
		（2）要 + 想 + VP/想 + 要 + VP
		（3）要 + 副 + VP/副 + 要 + VP
		（4）V + 了/着/过 + 要 + VP
		（5）要 + 介词短语 N + VP
2.	必要类	（1）要 + VP
		（2）要 + 动补短语
		（3）要 + 形容词/形容词短语
		（4）副词 + 要 + VP/要 + 副词 + VP
		（5）难道 + …… + 要 + VP？
		（6）要 + 处所 + V
3.	可能类	（1）要 + V（的）
		（2）副词 + 会 + 要 + VP +（的）
		（3）要 + 动补结构/要 + 处所 + VP + 呢
		（4）要 + 连动句
		（5）时间短语 + 要 + VP/要 + 时间短语 + V
		（6）要 + 形容词 + 数量补语 + VP
4.	估计类	（1）A 要 + 比 B + AP
		（2）A 比 + B + 要 + AP/比起…… + 要 + AP
		（3）动词/形容词/副词 + 要 + VP
5.	将要类	（1）要 + VP + 了
		（2）快要 + VP + 了
		（3）就要 + VP + 了
		（4）状态 VP + 要 + V
		（5）时间状语 + 要 + VP

二　语义分析

"要"是现代汉语中使用频率最高的词。关于助动词"要"的意义分析，在各部汉语语法著作中各有不同的义项，《语法讲义》把"要"分成两个义项，而《现代汉语词典》（第 5 版）和《现代汉语八百词》中把

"要"分别分成四个和五个义项，这些著作中发现最多的分为五个义项。在对外汉语教学上，"要"的意义也是很复杂的，刘月华在《实用现代汉语语法》中提出四个不同的"要"：（1）表示有做某事的意愿，（2）表示事实上或情理上的需要，（3）表示"可能""会"的意思，（4）表示一种看法、估计。① 《实用现代汉语语法》中用上述四种不同的义项来解释各种不同的助动词"要"，在对外汉语教学方面有些不易理解，不易分清所谓的意义和用法。主要问题在于这些"要"在用法上怎么分别，有几个不同的用法还是要解释清楚的，我们继续看下面的探讨。

鲁晓琨提起《现代汉语八百词》和《实用现代汉语语法》概括"要"的义项时，认为这些著作的义项分类不但忽略了一部分语法现象，而且也存在一些问题。因此，作者把助动词的义项整理后在《现代汉语基本助动词语义研究》一书中总结了四个义项，② 分别代表：要$_1$、要$_2$、要$_3$、要$_4$。

①"要$_1$"表示主语的意志，否定式为"不想"，例如：

他**要**坐飞机去，**不想**坐船。

②"要$_2$"表示情理、现实需要或说话人的要求，否定式为"不用"或"不要"，例如：

做生意**要**抓机会，忙起来总是**不要**命的。（池莉《来来往往》）

③"要$_3$"表示某种情况趋近出现，"要$_3$"分A组和B组。A组表示说话人根据已知时间传达某种情况趋近出现，例如：

真的不吃，叔叔**要**下车了。（王朔《一半是火焰，一半是海水》）

---

① 刘月华等：《实用现代汉语语法》，商务印书馆2009年版，第175—177页。
② 鲁晓琨：《现代汉语基本助动词语义研究》，中国社会科学出版社2004年版，第175—177页。

B 组是说话人根据征象推测某种情况趋近出现，例如：

你们别逗了，我肚子都**要**笑疼了。（王朔《一半是火焰，一半是海水》）

④ "要$_4$"推测某种情况出现的必然性，否定为"不会"，例如：

他是个说话算数的人，晚了，又怕**要**招祸。（老舍《鼓书艺人》）

鲁晓琨的义项基本上也是跟《现代汉语八百词》和《现代汉语词典》（第5版）的义项几乎相同。

（一）意愿类"要"

《实用现代汉语语法》① 把助动词"要"概括为四种义项，其中第一个义项为"表示有做某事的意愿"，是意愿类。例如：

（89）他看我年纪大了，每月都把我**要**买的东西送来。（刘月华《实用现代汉语语法》）

（90）毕业以后，我还**要**回到农村来。（同上）

否定形式是"不想"、"不打算"。南方人还可以说"不要"。

鲁晓琨通过助动词"想"和"要$_1$"的语义区别特征比较，提出意愿类助动词"要$_1$"的语义特征：② "要$_1$"不能表示只能停留在心愿阶段的意愿；只能表示决心行动的意愿，所以"要"的前面出现强化意愿的状语或动作行为状语。作者通过家族相似性理论分析发现，从意愿阶段上"要"表示接近意愿目的，表示动态性。《实用现代汉语语法》和鲁文都没分析意愿类"要"的其他句法形式有关的详细的语义表现，我们根据上面的句法平面分析，再进一步考察意愿类"要"的句法语义关系，即语义平面的特点。

---

① 刘月华等：《实用现代汉语语法》，商务印书馆2009年版，第175页。
② 鲁晓琨：《现代汉语基本助动词语义研究》，中国社会科学出版社2004年版，第198页。

第三节第一大标题第一小标题意愿类"要"的句法分析结果表明,这类助动词"要"基本上有五种形式。"三个平面理论认为:一定的句法结构总可以代表一个语义结构,或者说,一个语义结构总是借助一定的句法结构才能体现出来。"① 我们认为,意愿类的第一组句法形式"要 + V/要 + VP"和第二组形式"要 + 想 + VP/想 + 要 + VP"的"要"语义指向说话人心里产生出的肯定的意愿。"吃大碗""养只猫",指自己心里准备做什么。例如:

(91) 那么香啊,我**要**吃大碗!
(92) 我**要**想养一只可爱的猫猫。

第二组形式中"要"的前面加上"想"后,"要"后面接的动词表明说话人对"要"后面接的动作意义还没成熟的状态,不太把握的意愿,"想要"语义指向"建立一所私立学校",离目前的情况还遥远的状态中,因此,"想要 + VP"表达的意愿比"要 + VP"弱。例如:

(93) 我想**要**建立一所私立学校。

第三组形式"要 + 副 + VP/副 + 要 + VP"中"要"前面加上了表示态度的副词,意义就更确定了,也就是说对要做某事的意愿很确切,按照"副词"的程度不同会产生不同程度的意愿义。例如:

(94) 把一个病弱文人送到国外战场上去,当时《日本新闻社》老板陆羯南是曾经反对的,但子规坚决**要**去,终于实现了他的愿望。(翻译作品《生的定义》)
(95) "新的一年,我决定**要**在博洛尼亚获得全新的开始。"中田说。(新华社 2004 年新闻稿)
(96) "我一定要帮他,我一定**要**做他的妻子。"王秀妹对自己说。(作家文摘《死刑犯和女大学生的情缘》)

---

① 高顺全:《三个平面的语法研究》,学林出版社 2004 年版,第 10 页。

例（94）至例（96）中"要"语义指向后面的谓语动作"去实现他的愿望""获得全新的开始""做他的妻子"。前面修饰的"坚决""决定""一定"等副词给意愿语义带来不同的程度，请看下面肯定意愿的把握度比较，例如：

（97） a. 我**要**做他的妻子。
　　　 b. 我**坚决要**做他的妻子。
　　　 c. 我**决定要**做他的妻子。
　　　 d. 我**一定要**做他的妻子。

这些句子表示说话人已经把这个愿望注定好了，意志几乎确定不移了。其中"一定要＋VP"的把握度很接近现实，"要＋VP"是一般的把握。

第四组"V＋了/着/过"句中出现的"要＋VP"，"要"表达不同时态中的意愿，但是都表示施事积累了一段时间的愿望后马上要行动这个意愿。

第五组"要＋介词短语＋VP"中"要"的形式不像大部分学者认同的助动词出现的句法形式，后面接的不是动词谓语，不过从语义平面看这个句子里的"要"语义指向施事产生的动作意愿，具体来说是给某对象做出的某意愿。

总之，意愿类"要"语义指向说话人产生出某种意愿后准备实施这个意愿的心理动作，是静态的未然状态，即准备实现愿望。

（二）必要类"要"

《实用现代汉语语法》把必要类"要"的语义概括为"表示事实上或情理上的需要，有应该、须要的意思"。[①] 鲁晓琨把必要类助动词"要$_2$"语义概括为"表示情理、现实需要或说话人的要求"。[②]《实用现代汉语语法》和鲁文都没有把必要类"要"进行详细的分析，因此我们根据对必

[①] 刘月华等：《实用现代汉语语法》，商务印书馆2009年版，第176页。
[②] 鲁晓琨：《现代汉语基本助动词语义研究》，中国社会科学出版社2004年版，第218页。

要类助动词的句法分析结果来继续讨论语义平面。必要类"要"句法形式基本上有六种。形式和意义是相结合的,句法和语义是互相制约的。

我们来看必要类"要"六组句型中第一组"要+VP"和第二组"要+动补短语"中的"要"的语义,"要"语义指向后面的谓语"吃饭""去找公社革委马主任","要"表示客观上的必要,强调必要性,例如:

(98) 社会主义优越性嘛,人人**要**吃饭。(莫言《透明的红萝卜》)

(99) 妇女队长铁姑娘高红英请战,老支书不答应,高红英**要**去找公社革委马主任。(莫言《漫长的文学梦》)

第三组和第六组"要"后面接的不是动词谓语,第三组"要"语义指向后面的形容词谓语"认真对待",是客观上的需要或要求。第六组"要"动词谓语前面修饰的处所词语不妨碍语义表达,"要"语义指向"架一座大石桥"。因此,这些句子中的"要"在语义平面上还是成立,表示客观上的必要,指选择性必要,河上只有一座小木桥,所以只能选择在这座桥上搭大的石桥。例如:

(100) 老板对客户**要**认真对待。

(101) 河上只有一座小木桥,日本人**要**在河上架一座大石桥。(莫言《红高粱》)

第四组"副词+要+VP"句中的"要"语义上表示必要的推动程度性,语义指向"年底写完论文初稿",是客观性推动必要表达。按照前面修饰的"副词"不同,推动性程度也不同,如下:

(102) a. 年底大家**要**写完论文初稿。
　　　b. 年底大家**必须要**写完论文初稿。
　　　c. 年底大家**一定要**写完论文初稿。

以上三个句子中"要"单字和"一定"副词加"要"指的必要的推动性有所差别,"必须要 + VP"和"一定要 + VP"推动性程度比"要 + VP"高,表示未然性必须如此的意义。

第五组句型"难道 + …… + 要 + VP?"表示不必要做或者不值得这样做(反问表达),是主观性表达。例如:

(103) 周恩来气愤地说:"**难道**'文化大革命'**要**打倒一个掏粪工人吗?"(《周恩来传》)

(104) "**难道**我们**要**把《红楼梦》当成'外国文学'来读?"(新华社 2004 年新闻稿)

上面的分析结果表明,必要类"要"的语义平面分别表示强调必要性、客观上的需要或要求、必要的推动性、反问表达不必要做和选择性的必要。都是未然性,根据语境还可以分析出主观和客观不同的表达。

(三) 可能类"要"

《现代汉语八百词》对可能类助动词"要"的意义概括为表示可能,"要"前面可以加"会",句末可以加"的",① 例如:

(105) 看样子**会要**下雨。(《现代汉语八百词》)
(106) 不顾实际一味蛮干**要**失败**的**。(同上)
(107) 会议大概**要**月底才能结束。(同上)

表示否定的不说"不要",说"不会"。例如:

(108) 他这数字是有根据的,**不会**错。

《实用现代汉语语法》中表示"要"有"可能、会"的意思。表达否定意义时用"不会"或"不可能"。②

---

① 吕叔湘:《现代汉语八百词》,商务印书馆 2008 年版,第 592 页。
② 刘月华等:《实用现代汉语语法》,商务印书馆 2009 年版,第 176 页。

《现代汉语八百词》和《实用现代汉语语法》都只提出大概的意义"表示可能",没分析具体的句法形式和语义的关联。我们根据上面句法分析的结果,发现可能类"要"基本上有这样六种句法。我们根据句法平面分析的结果来分析语义平面。

第一组"要+V(的)","要"语义指向谓语"塌",谓语前面的副词"好像"更确定句中小木桥"摇摇晃晃"的情况。例如:

(109)小木桥摇摇晃晃,好像随时**要**塌。(莫言《红高粱》)

第二组"副词+会+要+VP+(的)"中"要"前面修饰可能类助动词"会",表示肯定的可能性,"会"前面再修饰副词"一定"表示"要"的可能意义更有说服力。例如:

(110)为不负众望,协和**一定会要**张开沉重的翅膀腾飞!(《1994年报刊精选》)

第三组"要+动补结构"中"要"语义指向动补结构"发得不多",表示一种客观的可能。例如:

(111)晚会的票学校**要**发得不多,我就不一定拿到票了。

第四组"要+连动句","要"语义指向"谁做谁亏本",一种可能的肯定。例如:

(112)这种生意,谁**要**做谁会亏本。

第五组"时间短语+要+VP","要"语义指向"开课"的可能性,前面的时间短语"下个月"强调课要开始。例如:

(113)听说广告影视模特培训班,下个月**要**开课了,你不去报名吗?

第六组"要+形容词+数量补语+V"中"要"语义指向"晚点儿才到",表示时间的可能性,前半句"下那么多雾"表示"火车要晚点儿才到"这件事的可能的条件。例如:

(114) 早上到现在一直下那么多雾,他坐的火车**要**晚点儿才能到。

上面可能类"要"语义分析中例(110)至例(114)的"要"分别表示动作将要发生的可能性,其结果的可能性,强调其可能性,表示可能性的不同程度,将要会发生的情况的可能性,强调时间后动作的可能性等。

(四)估计类"要"

《现代汉语八百词》和《实用现代汉语语法》都说估计类"要"是用来表示一种看法、估计,用于比较句中。我们发现除了比较句,估计类"要"还可以出现在其他句子里。上面句法分析结果表明估计类"要"有以下四种形式。句法平面和语义平面是互相制约的,下面我们继续把句法和语义平面的联系表示出来。第一组"A要+比B+AP"和第二组"A比+B+要+AP/比起……+要+AP"中的"要"是"比"字句中出现的"要",分别表示两种情况中猜出一种情况,估计比较后的结果。例如:

(115) 只是这种头疼比感冒**要**难受得多。(语料库在线)
(116) 阿妹的身材和费亭美一样,穿着起来当然**要**比费亭美漂亮。(陆文夫《人之窝》)

第三组"动词/形容词/副词+要+VP","要"语义指向"绝望",前面的"几乎"使"要"的估计意义更加饱满,估计某种情况。例如:

(117) 他们几乎**要**绝望了。(语料库在线)

根据句法分析总结出估计类"要"的语义平面,这些句子的语义分别表示两种情况中猜出一种情况来,比较后估计其结果,估计某种情况的发生。

(五)将要类"要"

《现代汉语八百词》把这类助动词的语义概括为"将要"。前面可以加"快"、在句末常加"了"①。上面的句法分析表明将要类"要"基本上有五种形式。第一组"要+VP+了",第二组"快要+VP+了"和第三组"就要+VP+了"语义主要表示某事将要发生的情况,其中发生事情的时间状态有所差异,"要……了"表示将要发生,"快要……了"表示即将快要发生,"就要……了"表示立刻迅速要发生的情况。比如:

(118) a. **要**下雨了。
b. **快要**下雨了。
c. **就要**下雨了。

例(118)a、b、c都表示将要下雨的状况,但是它们之间有不同的时间距离,为了更清楚地说明时间状态的不同,请看下面的意像图2—2:

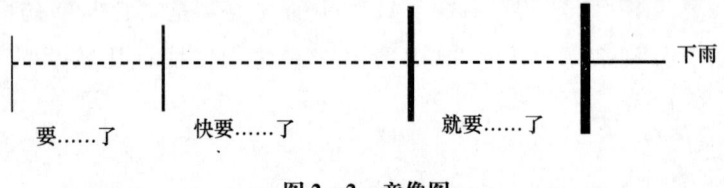

图 2—2　意像图

图2—2中离"下雨"的实际情况最远的是"要……了",表示说话人在说这句话的时候离下雨的时间还有点距离,中间的"快要……了"表示比"要……了"更接近了,表示下雨的真实性也即将发生了,"就要……了"离"下雨"的状况最接近,表示立刻进入下雨的状态。发现状态动词和时间状语修饰助动词"要",也表示将要的时间性,如例(119)

---

① 吕叔湘:《现代汉语八百词》,商务印书馆2008年版,第593页。

和例（120）。因此，句法上的词语制约语义，上面"要……了"的"要"前面有"快"和"就"在语义上就又有所区别了，因此将要义"要"还可以分成程度不同的将来时间性。第四组"状态 VP + 要 + V"和第五组"时间状语 + 要 + VP"句中是用"表示动作状态的'转身'"和"表示时间状态的'转眼'"来强调"要"的将要的语义意义。例如：

（119）他刚**转身要**走，小英又一把拉着他问道："老大夫，是什么特效药，能这样起死回生啊？"（语料库在线）

（120）**转眼**又**要**放寒假了。（同上）

综上所述，句法、语义和语境是相互制约的。我们根据句法分析结果再讨论这些助动词的语义特征，分析结果表明这些助动词"要"的语义平面和句法平面有相互制约的关系，大部分语义表达在未然状态下出现，少部分在已然状态下出现。

三　语用分析

语法分析如果只对句法和语义分析，也还是不完善的，还没有完成分析的任务；只有在句法分析、语义分析的同时，同步地进行语用分析，才算最好地达到了语法分析的目的。语用平面，是指对句子进行语用分析，语用偏重语境表达，是一种动态的分析。[①]

（一）意愿类"要"

上面的语义平面分析结果表明，意愿类"要"表达说话人产生出某种意愿后准备实施这个意愿的心理动作，即准备实现愿望或意志。语用表达上也有特定的作用，是说话人强调未然动作的意味。我们把一般意愿义"要"字句的形式变换后发现"要"使整个句子的语气上更有加强、强调，请看下面的例句，例如：

（121）我**要**去北京玩儿。——北京，我**要**去玩儿。

（122）我**要**接妈妈来中国。——妈妈，我一定**要**接您来中国。

---

① 范晓：《三个平面的语法观》，北京语言文化大学出版社1996年版，第8—9页。

(123) 我不想去，我**要**一直在这儿瞧着你。——在这儿，我**要**一直瞧着你。（王朔《一半是火焰，一半是海水》）

上面例（121）至例（123）左边这些例句表达委婉的口气，通过上面这种变化法把句中的处所和客体放到句首当主题后，右边的例句中的"要"的作用更明显了，有强调的口气了。为了表示强烈的感情而变动语序，明显表达说话人的强烈的意愿，强制的意志；说话人的意愿目标"去北京""接妈妈""瞧你"。在这种语境下，把宾语放在主题位置上，句中"要"的前面还补充坚定类词语"一定"，语用表达上"要"有更明显的意愿及意志义。语气上也有所变化，更有强烈的语气和语调。"主题，要+VP"比"要+VP"语气强，表达未然的强烈意愿。从语用上分析，一个句子通常有主题和评论两部分。作为主题，它是表示和强调旧信息的。以上句子中"北京""妈妈""在这儿"都强调旧信息已有的愿望。

《现代汉语八百词》中"要"表示做某事的意志时，否定形式通常不说"不要"，说"不想"或"不愿意"①。《实用现代汉语语法》中意愿义"要"表示否定时，北方人不用"要"，南方人才说"不要"②。我们认为一定的语境下，不管北方人，还是南方人都可以说"不要"。比如，有人让你答应你很不愿意的事情，这种情况下我们说"不想"来否定的话，语气比较弱，表达方面没达到目的。用"不要"来否定才更有表达效果，指坚决不愿意的意思，语气更强。例如：

(124) 男：你一定要嫁给我。

女：**不要**！绝对**不要**。

(125) 父亲：你已经高中毕业了，你要不要去参军？

儿子：我**不要**。

(126) A：你毕业后要当公务员吗？是个铁饭碗哦。

B：**不要，不要**，我要当老板。

---

① 吕叔湘：《现代汉语八百词》，商务印书馆2008年版，第592页。
② 刘月华等：《实用现代汉语语法》，商务印书馆2009年版，第176页。

例（124）中女的很不愿意男的的要求，因此，用"不要"来回答，明确地表达自己的否定意愿，不跟男的结婚。如果在这种场合上用"不想"来回答的话，口气比较委婉，对方会觉得她还会再考虑这件事。再看例（125）的对话，父亲希望儿子参军，但是儿子不愿意做。表达上很坚决时用"不要"来认真地否定回答自己的意愿。例（126）A 和 B 的对话中，B 否定回答 A 的问话，B 的答案是他不愿意当公务员，用重复的"不要"来坚决否定当公务员。因此，我们发现一般的交际情况下意愿类"要"的否定形式用"不想"，一定的语境下坚决否定意愿或意志的时候用"不要"才能达到所表达的目的。

意愿类"要"在句类上用于以上陈述句、否定句两种以外，还用于疑问句。由疑问句而言，有两种用法，"要+V+吗？"直接提问听话人的意愿和"要不要+VP？"正反疑问句，让听话人选择的提问表达，都有强调的口气。例如：

（127）"安德烈，你坚决**要**去作战**吗**？"她叹息道。（翻译作品《战争与和平》）

（128）你真的**要**跟他一起走**吗**？

（129）你**要不要**吃海鲜？

另外，两个意愿类助动词"要"和"想"同时出现时在语用上有所差别，例如：

（130）我也**想要**参加这次的会议。

（131）听大家的意见，大家也**想要**参加这次的会议，是吗？

"想要"的语用情况有两种可能：第一为自己表达时，第二是替别人说话时，在这些情况下用"想要"来表达委婉的语气。

可见，意愿类"要"在一定的语境下有强调的口气，能表达明显的意愿及意志，强烈的语气和语调。

(二)必要类"要"

《实用现代汉语语法》一书中必要类助动词"要"表示事实上或情理上的需要,有"应该、须要"的意思,多用于未然情况。① 例如:

(132) 这么好的青年,当然**要**表扬了。(《实用现代汉语语法》)
(133) 干活的时候可**要**用脑子好好想一想。(同上)

语用平面上我们认为,有的必要类"要"后面的述题传达新信息,换句话说表达重心。表达事先没料到的而对方需要或必须要做的情况下突出重心。例如:

(134) "我**要**跟你一起走,你一个人走我不放心。"李白玲的神态和口气很认真,就好象她是个强有力的大人物,而我则是个毫……(王朔《橡皮人》)
(135) "我是来告你一声,我有事,**要**去东四取做好的旗袍。"(王朔《浮出海面》)
(136) 她说她跟我一起走,一定**要**见见我那个可爱的小朋友。(同上)

上面例(134)前半句的"要+VP"中"要"后面的"跟你一起走"是个述题,是表达新信息。这是说话人"李白玲"认为她必须做这件事,在整个句子来看语义上也有着因果关系:因为听话人一个人走的话让说话人不放心,所以说话人把这个新信息"跟你一起走"传达给听话人,表达重心。述题对主题是重心,上面例句前部分都包括主题和述题,后面一句"你一个人走我不放心"指主题和述题,小述题"要"在大主题"要+VP"之中,因此可以说重心中的重心。从另外一个语用的角度来谈,例(134)中明显地看到说话人"李白玲"说这句话时的表达方式,作者提出她的神态和口气都是很认真地表达出来的:"就好像她是个强有力的大人物,而我则是个毫……"例(135)和例(136)中的"要去东四取

---

① 刘月华等:《实用现代汉语语法》,商务印书馆2009年版,第176页。

做好的旗袍""要见见那个可爱的小朋友"也都是说话人主题（主语）表达的新信息，需要或必要这样做，表达重心。

必要类"要"在语用平面上，还有主观评价的现象。请看例句：

（137）做事**要**先做人，**要**在改革开放和哲学研究的双向作用中塑造自己的人格。（《1994年报刊精选》）

（138）"在哪儿跌倒，就**要**在哪儿爬起来！"（同上）

（139）临走前，他反复告诉我，做演员**要**沉得住气，必要时候，他会帮我向导演推荐。（《中国北漂艺人生存实录》）

上面例（137）至例（139）中"要"字句都有必要做的意思，"要"后面的部分都有说话人的主观评价，主观意义的词语往往在"要"的谓语部分中出现："塑造自己的人格"，"爬起来"，"沉得住气"。下面的例句则表示客观评价。例如：

（140）从海南经济特区的全局来看，当前仍然**要**在体制创新上作文章。（《1994年报刊精选》）

（141）对于士兵**要**使之有革命常识，所以我们**要**认识革命化、纪律化、统一化。（《周恩来传》）

例（140）和例（141）"要"的后面的词语是说话人根据客观条件而做出这种客观评价或条件"必须要在体制创新上作文章"，"对于士兵必须要使之有革命常识，认识革命化、纪律化、统一化。"

必要类"要"在语用平面上还表现一种行为类型：表达"命令"。例如：

（142）团长继续讲，这必是个有百分之百的准备的战斗。什么都**要**准备好，什么都**要**检查几遍。我命令你们，一切都须亲自动手！（老舍《无名高地有了名》）

（143）"我不能不管！我有责任**要**管！我能对战士们说，不遵守时间，随便乱打吗？"（同上）

(144)"不说出自己的软弱,可就无法坚强起来!咱们**要**抓紧时间,找典型!教最好的,象功臣和模范,发挥出最好的影响……"(老舍《无名高地有了名》)

(145)工作委员会应当吸收居民中的积极分子参加,但**要**尽可能做到一人一职,不使他们的工作负担过重。(《中华人民共和国法规汇编》)

(146)"是,从现在起,你每天都**要**注射。"(王朔《永失我爱》)

上面例(142)至例(146)中,说话人的口气是非常认真的,多数句尾都出现感叹号,说明语调很重,语气很严。

部分语句是用否定形式"不要"来表达命令或者禁止,例如:

(147)领导说:"你们年轻轻的,先**不要**谈恋爱。"(王朔《浮出海面》)

(148)渔人嗫嚅着说:"究竟小孩子**不要**在海面上玩,有时会有危险的。"(冰心《海上》)

(149)"姑娘呵!**不要**怕我,**不要**跳,——海水是会淹死人的。(同上)

(150)你**不要**那么无礼嘛,还不知道我要跟你说什么就不接电话。"(王朔《浮出海面》)

上面例(147)至例(150)是一种命令或者禁止的行为,"不要"后面搭配的词语都表达这种场合上不应该做的意思,有强调的口气。

必要类"要"还有疑问表达方法:一般提问和正反提问。例如:

(151)石岜拎着几瓶酒出去后,小杨又进来,"**要**我帮忙**吗**?"(王朔《浮出海面》)

(152)"可以……**要不要**休息两天?"她定定地看着我。(王朔《永失我爱》)

例（151）"要"表示"需要帮忙吗?"，例（152）"要不要休息两天?"表示咨询并让人选择。这些问句的回答有两种：肯定"要"或者否定"不要"。

我们来看必要类"要"的句类选择，都用在陈述句、否定句和疑问句中。多用于表示判断、态度以及心理情态的必要类"要"的肯定和否定句中，都带着严格语气，有强调的口气，大部分都在正式的场合或语言交际中出现。尤其是陈述句"要"的前面有副词的话更有强调的语气。比如：

（153）领导说："月底大家**一定要**弄好这份报告。"
（154）"请大家注意，今晚**必须要**把灾区的遇难者们一个不漏地搬到安全的地方去！"

例（153）和例（154）中说话人的口气强调性很强，是"要"前面的副词的作用。如果把"一定"和"必须"去掉的话，就没有这种强调的作用了，只表示未然状态的一种信息。上面例句中说话人的语调和语气也表达重音，一般来说也表示不得不执行，无法选择的意思。

总之，必要类"要"在语用上能表达重心，有主客观评价现象，有命令的行为，口气认真，语气严肃，语调沉重。

（三）可能类"要"

《实用现代汉语语法》中将可能类"要"概括为表示"可能""会"的意思，但语气比"可能""会"更肯定。[1] 例如：

（155）你这样自以为是是**要**栽跟头的。（《实用现代汉语语法》）
（156）脱离群众，十个有十个**要**失败的。（同上）

《实用现代汉语语法》和本节第二大标题第三小标题的分析已经证明了可能类"要"的语义平面确实有"可能"义的性质。再从语用平面来分析它的语用特点，我们认为表示可能的"要"包含了说话人的主观评

---

[1] 刘月华等：《实用现代汉语语法》，商务印书馆2009年版，第176页。

价，会表达一种新信息。例如：

(157) 还有些思虑更周到的人，把食物携在手上，亲自送到车上船上，好像是你在半路上会**要**挨饿的样子。(梁实秋《送行》)

(158) 我的朋友又说：他很能知道，这民性，终究会**要**变成一座大爆发的火山。(叶紫《南行杂记》)

例(157)中"要"前面的"会"表示更有可能的肯定，句中的"好像是"表明"要"后面是事情的主观评论。例(158)中其重点在"要"所带来的新信息"变成一座大爆发的火山"上，可能性的焦点就是"一座大爆发的火山"。这个句子带来一个可能的新信息。

可能类"要"的疑问句经常跟"不会……吧？"搭配，还有助动词"该"也在"不会"的前面修饰。词语的搭配使句子的可能性表达意义更加准确，表达猜测并疑问的感觉，语气中包含对还没发生的事情疑惑不解，有没有发生这种事的可能性这种语气。这些疑问句中的新信息往往是不太希望发生的事情，所以表达时有不轻松的口气。例如：

(159) "喔，雷斯林，你**不会要**把他留在这里**吧**？"泰斯恳求道。他松开尼修的手，往前跨出一步。(翻译作品《龙枪传奇02》)

(160) "大人，我们今天晚上该**不会要**在这边过夜**吧**？"他忐忑不安地说。(翻译作品《魔戒-1》)

这些疑问句子的否定答案不能用"不要"，只能用"不会"或"不可能"。因为否定一个可能的意思，如果用"不要"来回答的话不符合搭配，原因是"要"还有其他义项，误以为"不愿意"或"不必要"等这种意义。因此，可能类"要"的否定表达该用"不会"，我们在下面的对话中去了解一下情况，例如：

(161) A：明天要下雪吗？

B：**不会**（*不要）的，还没到那么低的温度。

(162) A：听说，今天晚上的表演可能要取消了。

B：**不可能**（***不要**）吧，听谁说的？

例（161）和例（162）中的"不要"不成立，表达不出可能的意义来。我们发现"不会"和"不可能"的后面增加语气词"吧"，会更强调可能的否定性和疑问性。如果"不会"的前面再增加"副词"，后面搭配"的"字，就表达出更强调的口气。例如：

（163）"2012世界末日"绝对**不会**到来的。
（164）我昨天在这里放的东西，现在怎么不见了，**不会**记错的，一定不可能丢的！

例（163）和例（164）都对这件事的否定表达上非常肯定的意思，例（163）中说话人表达世界末日的到来是根本不可能的，例（164）中说话人表示自己放的东西不可能找不到的。这些句子前面的副词"绝对、一定"和后面的"的"都表示强调的口气，语气很强，表达上很明显地否定这个可能性，即完全不可能。

可见，可能类"要"在句类表达上的陈述句和疑问句中才能用"要"来表达可能的意思，否定表达中不能用"不要"。可能类的肯定表达"要……的"比一般可能性表达"会……的"肯定性强。

（四）估计类"要"

《实用现代汉语语法》[①] 和《现代汉语八百词》[②] 都提出估计类的"要"，用来表达一种看法、估计，用于比较句。例如：

（165）天气预报说今天气温上升，我怎么觉得今天比昨天**要**冷一点儿呢？（《实用现代汉语语法》）
（166）你比我**要**了解得多。（《现代汉语八百词》）

《实用现代汉语语法》和《现代汉语八百词》中只提出估计类"要"

[①] 刘月华等：《实用现代汉语语法》，商务印书馆2009年版，第177页。
[②] 吕叔湘：《现代汉语八百词》，商务印书馆2008年版，第593页。

的大概用法。我们从上面的句法分析和语义分析结果中继续分析具体的语用平面。

按照前贤们的研究,估计类"要"是在比较句中出现的,所以无疑具有评论性的功能,在两种情况中评论出一种结果,重点在"要"后面的谓语结果上。上面例(165)中说话人评论自己的感受,评论今天的天气该暖和,不过跟昨天的天气比较后结果是意料外的情况"要比昨天还冷一点儿"。根据天气预报估计不是要冷,因此"比昨天冷"是说话人主观评论。通过在"怎么觉得……呢?"这种反问句中表达更有猜测的意味。例(166)中说话人主观估计评论"你比我要了解得多"。

估计类"要"也有客观评论表达,根据"报告说明"和根据实际情况"高大"来评论出结果。例如:

(167)报告说明明年的经济形势**要**比今年好。(《实用现代汉语语法》)

(168)她比照片上**要**高大,后来当我们都站起来时证实了我这个感觉:丰满,更加红润。(王朔《动物凶猛》)

上面的分析都是未然情况,如果句中没有"要"的话,便可理解成已然的事件。"要"的作用在语用上表达"估计评论",重点在"要"后面的结论"明年比今年好""外面比照片上高大",即估计结果。例(168)后面一段话证明说话人的估计是对的,"要"强调了估计的结果,行为类型表示未然事件的叙述或解释。因此"要"的有无,反映出它的语用效果。

下面我们来分析不在比较句中的估计类"要"的语用特点。

(169)地是同样的地,在他们那儿产量却**要**高很多。(《现代汉语八百词》)

(170)他们家种有十五六棵板栗树,一年**要**收几千斤板栗,可以换钱。(邹爱国《总书记来到俺山村》)

(171)"都传你在找她,找不着她,你就**要**坐牢。"(王朔《玩儿的就是心跳》)

例（169）中主题部分"地是同样的地"指旧信息，"要"后面的述题指新信息"高很多"，新信息表达说话人关心的事，也就是通过前面的旧信息而估计出来的新信息结果。例（170）表示从因果关系中估计出来的结果，句中因为有这些板栗树，所以可以估计出一年的收入，是一种肯定的口气，委婉的语气表达。例（171）中表达关联的意义，如果找不到人，估计要坐牢。这是一种主观猜测的表达方式，一种肯定语气。

可见，估计类"要"在语用上有评论性功能，行为上能表达对未然事件的叙述或解释，有肯定的口气，委婉的语气。

（五）将要类"要"

《现代汉语八百词》对助动词"要"分为五个义项，其中也包括"将要义"。前面可以加"快、就"，句末常加"了"①。例句：

(172) 他**要**回来**了**。（《现代汉语八百词》）

(173) 他**快要**毕业**了**。（同上）

(174) 麦子眼看**就要**割完**了**。（同上）

(175) 今天，领导**要**来，**要**决定选谁上戏：……自己会选上吗？（《斯琴高娃从草原上来》）

(176) 我**要**成大胖子**了**，从学校毕业我长了十斤肉。（王朔《浮出海面》）

例（172）至例（176）都是未然状态的表达，即描述事情将要变动或结束的情景，有委婉的口气。大部分著作中很少提到助动词"要"的将要义。鲁晓琨提出"要"前出现未来时间词，"要"后 VP 是可控行为时，作者认为这种情况的"要"已经基本上虚化为将来时标记，作者在文中排除分析这类"要"的语义用法。但是，我们认为通过上面对这类"要"的句法和语义分析结果，发现这类助动词在语用平面上也有自己特殊的作用，它的重点在于动作变化和时间状态上。

助动词"要"大多表示未然状态，将要类"要"还可以在已然状态

---

① 吕叔湘：《现代汉语八百词》，商务印书馆 2008 年版，第 593 页。

中出现，这是它的语用特点。例如：

(177) 一天晚上，一头母猪**要**生小猪**了**。
(178) 那时候车上很挤，看到有个老人**快要**晕倒**了**。
(179) 当初，妈妈**就要**跟我们一起去**了**，后来突然又不去了。

例（177）至例（179）中"一天晚上""那时候""当初"这些词语都表示已然，也是句子的主题，它给了旧信息，句中"要＋VP＋了"是述题，指新信息："生小猪"，"晕倒"，"跟我们一起走"。因此，我们发现将要类"要"在已然状态中也带来新信息，这些新信息大多是意料之中的事情。"要……了"句中"要"表示将要的现象，句尾"了"表示情况变化，也表示一种新情况出现，带点感叹的语气。"要"的前面加"快"和"就"后跟"要"一个字有什么差别呢？语义平面认为有时间差别，但语用平面就表示强调的口气，叙述的行为类型，激动的言语行为。

总之，句法、语义、语用三个平面既有区别，也有联系。句法是基础，因为语义和语用都要通过句法结构才能表现，而要了解语义和语用，也往往离不开句法结构。本节通过三个平面理论对五种助动词"要"——意愿类、必要类、可能类、估计类和将要类进行具体讨论，提出它们之间的句法、语义和语用平面的关系，发现每类"要"字句都因其句型情况而具有不同的特点。更重要的是每个句子的句法、语义和语用相互联系，互相制约。句法平面上，助动词"要"能出现在各种不同的句法环境；语义平面上，大部分在未然状态下出现，也有少部分能在已然状态下出现；语用表达上很明显靠述题和语境，句中的词语对句法与语义的关联和表达的语气、口气等都有很大的制约，尤其是"副词"。需要强调的是句类上的选择，五种汉语普通话的常用助动词都能表达陈述句"要"字句，否定句中除了"必要类"以外其他四类都不能直接用"不要"来否定，这是"必要类"的特点，正因为具有这种特殊点，我们认为它是典型的助动词。当然，句法平面上可能还会有很多不同的形式，我们以在语料中找到的最基本的形式作为基础，分析助动词"要"三个平面上的关联和特点，提出一定的结果来，一定还会有很多不足之处。

第 三 章

从主观性角度比较意愿类
"要"和"想"

第一节 "要"和"想"的相关性

《现代汉语词典》（第5版）给"意愿"定为"愿望、心愿"。[①]"意愿的发出者是有生命的'人'和'动物'，人或者动物发出某意愿就表示要做某动作的意识。也就是说，意识是意愿的要素之一，是肯定性和主体致使性的基础，没有处在具有意识状态就不能进行判断和主动实行行为。"[②] 换句话说，有意识地主动地去表达自己的心愿或愿望，这就是意愿，不具有意识性肯定就不存在意愿。那么，我们认为对某动作有意识的发出者或者有某种意识心愿的人，他们主动地发出这个动作往往表示主观性的愿望或主观意愿。意愿在客观上的表达和主观上的表达有什么语义差异呢？我们从主观性角度来探讨助动词"要"和"想"表示意愿的时候有什么意识差别。

"要"是多义助动词，吕叔湘在《现代汉语八百词》中给"要"分成五个义项，《现代汉语词典》给"要"分为四个义项，吕叔湘和《现代汉语词典》给"要"的第一义项都表示做某事的意志。刘月华在《实用现代汉语语法》中给"要"分成四个义项，刘月华和张斌《现代汉语描写语法》都给"要"概括为"意愿类"能愿动词。

[①] 中国社会科学院语言研究所词典编辑室：《现代汉语词典》（第5版），商务印书馆2006年版，第1618页。

[②] 张万和：《意愿范畴与汉语被动句研究》，博士学位论文，上海师范大学，2007年，第4、6页。

我们发现各学者对"想"的词性归纳不统一,吕叔湘和《现代汉语词典》把"想"当作动词来分析,吕叔湘给"想"分为六个义项。①

①思考。可带"了、着、过",可重叠。例如:

他**想**了一会儿才回答。

②回想、回忆。可带"了、着、过",可重叠。例如:

想想过去,看看今天,展望将来。

③料想、估计。例如:

我**想**他一定会来的。

④希望、打算。必带动词宾语。可受程度副词修饰。例如:

我很**想**上大学。

⑤想念、惦记、盼望见到。例如:

海外侨胞日夜**想**着祖国。

⑥记住、不要忘了。必带"着"。例如:

你可**想**着这件事。

《现代汉语词典》把"想"分为四个义项。②

---

① 吕叔湘:《现代汉语八百词》,商务印书馆 2008 年版,第 576—577 页。
② 中国社会科学院语言研究所词典编辑室:《现代汉语词典》(第 5 版),商务印书馆 2006 年版,第 1489 页。

①开动脑筋、思索。例如：**想**办法。**想**方设法。
②推测、认为。例如：我**想**他今天不会来。
③希望、打算。例如：我**想**到杭州去一趟。
④怀念、想念。例如：我们很**想**你。

我们发现吕叔湘和《现代汉语词典》虽然没有把"想"归纳成"助动词"，但是都有"希望、打算"这一义项，用法跟助动词的用法特征很接近：必带动词谓语，可受程度副词修饰。刘月华把"想"归纳成能愿动词，释义为"愿望、打算"①，例如：

①他**想**尽可能了解他们，然后再做他们的思想工作。
②今天的活动我不**想**参加了。

张斌②在能愿动词小节中没列出"想"，而是在能愿动词连用顺序的相关内容中，把"想"分到意愿动词小类中。鲁晓琨把"要$_1$"和"想"当成意愿类助动词来处理。可见，"要"和"想"都有着意愿义，可以归为助动词。例如：

（1）我们**要**实现四个现代化。（《现代汉语描写语法》）
（2）他**要**学游泳。（《现代汉语词典》）
（3）我**想**当探险家。（《现代汉语八百词》）
（4）甫志高几次**想**问，却不好启齿。（《实用现代汉语语法》）

例（1）到例（4）中，"要"和"想"都表示意愿，都是说话人表达自己的愿望和打算。那么"要"和"想"表达意义上有什么差别呢？

---

① 刘月华等：《实用现代汉语语法》，商务印书馆2009年版，第177页。
② 张斌主编：《现代汉语描写语法》，商务印书馆2010年版，第972页。

徐冶琼①从对外汉语教学本体研究的角度把能愿动词"想"和"要"进行比较，结果表明语义方面二者都有"欲"的语义特征，区别在于"要"具有定量性和动态性，"想"具有非定量性和静态性。它们之间的相关性如何，我们把上面的例（1）到例（4）中的"要"和"想"替换看看，例如：

  （1′）我们**要（想）**实现四个现代化。（《现代汉语描写语法》）
  （2′）他**要（想）**学游泳。（《现代汉语词典》）
  （3′）我**想（要）**当探险家。（《现代汉语八百词》）
  （4′）甫志高几次**想（要）**问，却不好启齿。（《实用现代汉语语法》）

上面"要"和"想"替换后发现，例（1′）和例（2′）把"要"换成"想"后句子还通顺，基本上都能表达意愿义。只是意愿的程度变低了，说"要实现"时说话人的语气更肯定，更有意志性，意愿程度高；换成"想实现"时说话人的语气还不太肯定，对这个愿望还没成熟的状态。例（3′）跟前两例相反，句子中"想当探险家"换成"要当探险家"以后意愿程度更高，"当探险家"这个愿望更明确，语气更肯定。例（4′）把"想"替换成"要"以后还可以表达意愿的意义，可以理解成更肯定的意义。

分析可见，"要"和"想"能互换的情况较多，因此，"要"和"想"一般情况下相关度比较大。它们之间还有什么区别呢？我们从主观性、主观程度和主观量的角度来分析二者的语义、句法和语用特点。

第二节 "要"和"想"的语义、句法和语用特点

一 语义上的区别

从主观程度来说，说话人对某事的意愿意识越高，确信程度也越强。

---

① 徐冶琼：《能愿动词"想"和"要"的比较》，《现代语文》（语言研究版）2009 年第 6 期。

反过来说，如果说话人的确信程度低，意愿意识就弱。"要"和"想"的区别在于意愿意识的确信程度的高低。也就是说，确信程度高的"要"在交际上产生了主观大量，确信程度低的"想"在交际上产生了主观小量。这种主观量的不同导致了明显的语义特征差异。主观大量的"要"在语义上表达"确定性"，主观小量的"想"在语义上表达"非确定性"。比如：

(1) a. 发工资啦，我**要**好好买几件新衣服。
　　b. 如有钱，我**想**好好买几件新衣服。
(2) a. "今儿晚上**要**好好吃一顿，还要喝点小酒。"临别前，那老汉满脸喜悦地说。（新华社2004年新闻稿）
　　b. "今儿晚上**想**好好吃一顿，还想喝点小酒。"临别前，那老汉满脸喜悦地说。

从例（1）和例（2）来看，"要"和"想"都有表达说话人的意愿意识。但主观程度上 a 句的意识都高于 b 句。在语义上，"要"是"确定性"，"想"是"非确定性"。这种语义的区别是由于说话人对意愿的态度不同而造成的。即说话人对一件事非常愿意或很有把握时，就用"要"来表达，因此"要"在句中表达的是"确定性"，"要"还强调愿望的意愿强烈，要达成的必要性强；"想"则意愿性弱，要达成的必要性小，说话人对这个愿望不是很把握时，用"想"来表达。例句 b 中也有"好好买""好好吃"的愿望，但用"想"来表达，表示还不能确定做，或者还没把握做这些事。因而"想"在句中表达的是"非确定性"。我们再进一步说明这一点：

(3) a. 回国前，我**一定要**去北京玩。
　　b. 回国前，我**很想**去北京玩。
(4) a. 毕业后，我**一定要**找到一份好工作。
　　b. 毕业后，我**很想**找到一份好工作。

上面例（3）和例（4）的 a 句确信程度比较高。a 句中的"一定要"

突出了说话人的意愿确信的高程度。b 句中的"很想"没有 a 句的"一定要"的意愿强烈,不能表达出"确定性"。就是说,说话人用"一定要"表达对自己的意愿很肯定或很把握,这时"要"是主观大量。因此,语义上,可以用非常肯定的说法来表示"确定性"。

为了更明确地表明"要"和"想"的意愿确信程度,我们把例(3)和例(4)的主语"我"替换为第二和第三人称代词"你"和"他"看一下,比如:

(3′) a. 回国前,**你**一定**要**去北京玩。
　　　b. 回国前,**你**很**想**去北京玩。
(4′) a. 毕业后,**他**一定**要**找到一份好工作。
　　　b. 毕业后,**他**很**想**找到一份好工作。

可见,例(3′)a 换了主语"你"后,明显不表示意愿义了,变成致使别人或者命令的语气。b 句是变成疑问的语气。例(4′)a 和 b 换了第三人称代词"他"后 a 句意思变了,主语"他"不能跟"要"搭配表达意愿义。因为"要"表达确定性强,逻辑上不是说话人本人的事就不能确定某事,再说 a 句是"毕业后"的事情,除了本人以外其他人不能这样说出自己的意愿。b 句意义变成客观必要性。b 句可以接受,因为转述"他"的意愿,即他想怎么样。

再看下例:

(5) 朱海鹏说:"我今天确实**想**喝点酒。"(柳建伟《突出重围》)
(6) 他连连表示谢意,并说:"我真**想**再去浙江、杭州看看,还**想**尝尝那里的土特产。"(《1994 年报刊精选》)

例(5)和例(6)中"确实想喝""真想再去""还想尝尝"都指说话人的强烈的意愿或愿望。但是这里说话人的意愿意识多强烈也不能去实现,因为"想"的意愿意识比较薄弱,实际上对这些动作不能确定行动。这意味着"想"具有主观小量。

总之,"要"和"想"的主观量的因素把它们的语义区分开了,"要"表达的主观性程度高,属于主观大量,这种主观大量体现在语义上表现为"确定性"。"想"表达的主观程度低,是主观小量,语义上表现为"非确定性"。

二 句法上的区别

(一)"要"的句法特征

因为主观性的程度[①]高低不同,所以不能把任意词语放入"要"和"想"的前面充当状语。主观量大的"要"可以接受有意志性或确定性强的意义的词语修饰。意愿类"要"的前面所能出现的修饰语常常是"坚决""决定""决心""一定""执意""偏偏""硬""当然"等。例如:

(7)他不顾沿途的艰苦,**坚决要**回家看看,哪怕是看看那已流散的部落和已死掉的家庭也好。(《格兰特船长的女儿》)

(8)于是有一天,我**决定要**写出这个故事。为妈妈也为我自己。(张抗抗《故事以外的故事》)

(9)他说:"我就下**决心要**帮助他们。"(新华社 2004 年新闻稿)

(10)我的心略略得到了一丝安慰,暗下决心我**一定要**唱好!(《中国北漂艺人生存实录》)

(11)那位干部本想以"雨后路不好走"搪塞过去,但肖俊**执意要**去。(《1994 年报刊精选》)

(12)天下就有这样的怪事,你越是想去排斥和压抑它的东西,人们**偏偏要**接近它、喜爱它。(《1994 年报刊精选》)

(13)"现在全村人吃不愁,穿不愁,家家户户还有剩余钱。河南老家来的人羡慕得不想走,说我们搬迁搬好了,有的人**硬要**搬来住。"(《1994 年报刊精选》)

(14)小爷叔说出去了,我**当然要**做到,好在过了今天就没有我的事。(高阳《红顶商人胡雪岩》)

---

① 注:至于主观性程度分析问题请见本章第三节第三大标题。

我们发现上面例（7）至例（14）中"要"前面修饰不同的程度副词"坚决要回家看看""决定要写出这个故事""决心要帮助他们""一定要唱好""执意要去""偏偏要接近它、喜爱它""硬要搬来住""当然要做到"，都表示愿意做某事并且表示不是一般的意愿，说话人对谓语动作进行的愿望主观性程度非常高。

（二）"想"的句法特征

意愿类助动词"想"能接受程度副词"很""十分""非常""多么""确实""极""挺"等。例如：

（15）洞子不大，很闷气。贺重耘**很想**出去一会儿，见见凉风。（老舍《无名高地有了名》）

（16）希特勒知道戈林**十分想**得到军队的最高领导权；他不想让戈林的自尊心受到深重的伤害，所以授予戈林元帅军衔。（沈永兴、朱贵生《二战全景纪实》）

（17）我**非常想**知道你的真实想法，你知道你的父母亲关于你的情况互相说法不一，可能你能告诉我们哪些是真实的。"（王朔《我是你爸爸》）

（18）阮玲玉就对蔡导演说，她说："我**多么想**成为这样的一个新女性，能够摆脱自己命运的新女性，可惜我太软弱了，我没有她坚强。"（电视电影《一代影星——阮玲玉》）

（19）当他**确实想**调换一下自己的工作时，必定是出于种种慎重考虑。他不会因为有个别的上司或同事不好相处等小事而调换工作。（《读者》）

（20）我**极想**再去我的命运转折之地、你所在的那座城市走一次。（张炜《柏慧》）

（21）"哪天你一定去看看、保你喜欢。我本来自己也**挺想**买，只是我这样子也犯不上穿那么好的东西。"（王朔《无人喝彩》）

上面例（15）至例（21）中"想"前面修饰各种程度副词"很想出去""十分想得到""非常想知道""多么想成为""确实想调换""极想再去""挺想买"，都表示说话人的愿望，心里已经有很成熟的愿望的状态。

（三）二者的句法形式特征

关于意愿类助动词"要"和"想"的句法上的区别，以往的研究有各种说法。鲁晓琨研究表明，"要"有动态性特征，"要"不能受"很"等程度副词修饰。"想"有静态性特征，因此能受"很"类词修饰。[①] 郭昭军认为，因为"要"表示的意愿是离散的量，所以不能受程度副词修饰。"想"所表示的意愿是连续的量，因此可以接受程度副词的修饰。[②] 张万禾则指出，"要"在能力域中有连续量，在意愿域中是离散量，而"想"在意愿域中是连续量。[③] 毛燕提出，因为助动词"想"本身偏重于表达内心活动和意愿，从语言的简洁性出发，"想"一般不再受"一定、坚决、偏、硬"等词作状语修饰。而"要"偏向于表达主体的意志，[④] 用"一定、偏"类词作状语，这样有利于更加凸显这种意志的坚定性。

根据学者们的研究，我们已发现意愿类助动词"要"和"想"在句法上有能带修饰语这个特点，这是二者的共同特征。不过，根据它们本身的意愿意识、主观性程度和主观量的不同能修饰它们的词语却有所区别，主观大量的"要"能接受修饰的是意志性确定性很强的词语。一般的情况下，主观量小的"想"的前面不能出现意志性强的词语类，但是下面这些例句中，主观意识弱的"想"能接受确定性很强的词语"一定"的修饰。是在什么情况下可以修饰呢？为什么有这种不对称现象呢？请看例句：

（22）"你刚到京城来，我知道你**一定想**到城里去逛逛，你一定会遇见很多朋友。"（古龙《陆小凤传奇》）

（23）顾青枫道："因为我知道你**一定想**见识他那绝世无双的

[①] 鲁晓琨：《现代汉语基本助动词语义研究》，中国社会科学出版社2004年版，第199页。

[②] 郭昭军：《意愿与意图——助动词"要"与"想"比较研究》，载齐沪扬主编《现代汉语虚词研究与对外汉语教学》，复旦大学出版社2005年版，第384页。

[③] 张万禾：《意愿范畴与汉语被动句研究》，博士学位论文，上海师范大学，2007年，第21页。

[④] 毛燕：《现代汉语意愿助动词研究》，硕士学位论文，上海师范大学，2010年，第46—47页。

'天外飞仙'！"（古龙《陆小凤传奇》）

(24)"啊！我知道了，妹妹**一定想**给二哥介绍诗诗表妹。"（岑凯伦《蜜糖儿》）

(25) 她不无骄傲地告诉温特伦杰先生："和我一起进来的小男孩叫比利。我猜想您**一定想**见见他吧。护士说您已经没事了。"（《读者》）

(26)"我想你们**一定想**保留这份报告，"迪威特太太附了一张纸条，上面写道："我深感抱歉。"（《可爱的骨头》）

(27)"我琢磨你**一定想**在我们把他运走之前来看一看。"他一面跨过栅栏，一面说。（《马耳他黑鹰》）

例(22)至例(27)中的"想"是意愿义，但是这里的"想"它能接受"一定"的修饰。我们发现，这种句子有个条件，这里的"想"表达的不是说话人主体致使"我"的意愿，而是说话人意识到对方的愿望或意愿而替别人说出来的话，所以每个句子头都有"我知道""我猜""我想""我琢磨"这种前提条件。这些条件都有不确定性的模糊的语义特征，而且"意愿"的发出者也不是"说话人我自己"，是第二人称。我们认为，这是一种夸张的用法，是为了突出对方（第二人称）的意愿，而由说话人夸张地表达出来的"……你一定想""……妹妹一定想"。所以没有这些条件的句子里意愿类"想"不能受"一定"的修饰。换句话说，能接受的也可能不是意愿类助动词"想"，请看例证：

(28)"请你告诉我，我们以后**一定想**办法帮忙。"（彭荆风《绿月亮(8)》）

(29) 刘医生宽慰他道："你不要急，我们**一定想**一切办法抢救。"（周而复《上海的早晨》）

(30)"要坚持住，再过一两天，我**一定想**办法帮你们。我发誓。把我的话告诉克瑞茜。"（《地球杀场》）

上面这些例句中的"想"能接受"一定"的修饰，但是跟例(22)到例(27)的不同点是说话人是第一人称"我/我们"，其次是，"想"

是谓语动词。这说明，助动词"想"是主观小量，因而，句子中说话人是主观判断最强的第一人称"我"的话，这个句子里的副词"一定"不能在助动词"想"前作状语。例（22）到例（27）的"想"还是主观小量的意愿类助动词。例（28）至例（30）则是动词。

毛燕[①]提出过，因为助动词"想"本身偏重于表达内心活动和意愿，从语言的简洁性出发，"想"一般不再受"一定、坚决、偏、硬"等词作状语修饰。不过我们在语料中发现助动词"想"也能受程度副词"偏偏"和"当然"等的修饰，只是出现频率比较低。例如：

（31）男性越冷淡她们，越对她们显得仿佛永远不可亲近，她们往往偏会对人家产生好感，**偏想**去亲近人家。你觉得奇怪是不是？（梁晓声《表弟》）

（32）"可是他们之间有解不开的结，她一直有自卑感，他**偏偏想**控制她。"（亦舒《红尘》）

（33）她**偏偏想**精通这类无耻之道。（《追忆似水年华》）

（34）"你这是说啥闲话，张科长，一回生，二回熟，**当然想**做，**当然想**做！"（周而复《上海的早晨》）

（35）他**当然想**和黄亚萍结合在一起。他现在觉得黄亚萍和他各方面都合适。（路遥《人生》）

例（31）至例（35）都在"想"的前面修饰"偏""偏偏""当然"等副词。因此，表示意愿类"要"和"想"在句法上有一些共同的特点。

三 语用上的区别

句子作为结构体，内部有句法结构和语义结构，外部有表达功能。句子外部的表达功能，是指句子在表达思想进行言语交际时的用途或作用，也就是语用功能。对句子表达功能的分类就是句类，属于语用

[①] 毛燕：《现代汉语意愿助动词研究》，硕士学位论文，上海师范大学，2010年，第46—47页。

平面。①

我们从不同句类中去考察二者的语用区别特征，发现语境和交际策略及对象还导致了"要"和"想"的语用上的区别。

(一) 语境制约

交际过程中，说话者往往借助于语境，使自己的表达简练生动；听话者也往往借助于语境，了解对方说话的确定的含意。② 我们认为句类跟说话者的主观态度或表达的意图密切相关。不同句类在不同的语境下导致"要"和"想"的语用上的区别。例如：

(36) 我一上任刘明法就百般热情地粘乎上来，**要**（？**想**）请我吃饭，**想**（？**要**）在我这儿拿活儿。(海岩《玉观音》)

(37) 她看来是愉快的，只**想**（？**要**）伺候他吃喝，简单而又原始的愿望，让他吃好的喝好的。(李碧华《生死桥》)

(38) "大老板说**要**（？**想**）吃笋片炒冬菇。"乖乖，真是见过世面的老板，不要小看外国人。(三毛《沙漠中的饭店》)

上面例 (36) 至例 (38) 中都是陈述句，例 (36) 表达上带有主观性，例 (37) 和例 (38) 有主观评价，都是主观态度陈述句。例 (36) 同一句话都出现"要"和"想"，在上级和下级之间的关系这种情况下，说话人评论他下级的态度，这里的"要"和"想"都是表示意愿，为了拿活儿先请上级吃饭，在这种语境下例 (36) 中先要行动的事情用"要"来说，"活儿"的事在后面，因而用"想"来表达。例 (37) 主体是第三人称"她"，述说她愿意做的事，只能用"想"来表达，这个句子不适合用"要"来陈述。例 (38) 主语是"大老板"，述说大老板的愿望，已经很确定的语境下用"要"来说的，主观强调大老板的意愿。这样的语境下不适合用"想"来表达。

下面我们来看主语是第一人称的情况，例如：

---

① 范晓：《汉语句子的多角度研究》，商务印书馆 2009 年版，第 357 页。
② 陈宗明：《逻辑与语言表达》，上海人民出版社 1984 年版，第 15 页。

(39)"我当然**要**（***想**）见他，我早就和他约好了！你赶快放开我，你不要以为我真的有兴趣听你的话。"（岑凯伦《合家欢》）

例（39）属于意愿性主观态度陈述句，因为说话人愿意见他，所以在"早就和他约好了"的客观事实下，说话人提出主观陈述"当然要见他"，这样的语言环境中"要"和"想"不能互换。语气确定性强的"要"才在这样的交际过程中能实现更好的语用效果。

下面我们讨论在疑问句中的"想"，这是一种肯定格式的反问句，表示对事件或命题的否定，例如：

(40)"你就是那个死缠活缠，癞蛤蟆**想**（***要**）吃天鹅肉的李文士？你没有到水盆里看看你这副猥琐模样？"（柏杨《求婚记》）

例（40）表达对命题"吃天鹅肉"的否定，这种特定的语境里用"想"来表达。因为"癞蛤蟆""天鹅肉"都不是现实的事件，所以跟这些事件发生关系的"吃"的前面不能用主观性强的"要"。换句话说"想"在表达上比较委婉，例句中说话人只能用客气的语气来否定表达听话人李文士的意愿，因而用"想"才比较恰当。

（二）交际策略和交际对象制约

由于交际是一种社会现象，说话人总是处于一定的社会环境中，人们所说的每一句话也都离不开特定的社会环境。① 我们在特定的社会环境中需要学会正确的交际策略才能跟交际对象成功地交往，我们认为交际策略和对象也导致了"要"和"想"的语用上的区别。例如：

(41) a. 我**想**请您看看我的拙作！（刘海粟《眼前丽日君何在》）
    b. 我**要**请您看看我的拙作！

在交际语境中我们表达自己的意愿意识时，还要注意交际策略，请别人做点事，需要别人的帮助时语气要委婉点。因此，例（41）b 句在交际

---

① 陈宗明：《逻辑与语言表达》，上海人民出版社 1984 年版，第 19 页。

上是一个有问题的句子。"要"是主观大量，意志性强，那么语气也是比主观小量的"想"强得多。在这个情景下打算给别人看看自己的作品，也就是说请别人帮忙提出意见，用"要"来说的话明显带有命令的口气，对方听见后肯定很别扭，属于不成功的交际策略。这种语境下该用委婉的语气，所以用"想"来表达邀请别人是更合适的。因而例（41）a 句用"想"来表达是正确的交际策略。

还有交际对象的确定在语用上也比较重要。假如，把上面的句子换到另外一个情景里，换个交际对象后看看"要"和"想"在语用上有什么区别，比如：

（42）老师，我**想**请您看看我的作品！
（43）妈妈，我**要**请您吃我的拿手菜！

例（42）和例（43）句都表达了自己的意愿，但是"想"和"要"两者都可以成立，因为交际对象的确定导致了语用的区别。我们跟老师交往时表达上需要尊敬，必定用礼貌的口气来交往，所以例（42）老师和学生的对话中用"想"来表达是正确的，"想"是主观小量，能表达出委婉的口气。不过我们跟自己的亲属谈话时因为很亲切，所以一般的交际情景中没那么重视交际对象的身份，疏忽了尊敬的表达。而且，因为关系很密切的原因，把事情很热情地说出来，语气表达上很直接了，这种情景下主观量自然就大了，所以例（43）中女儿对母亲讲话时，忽略了尊敬的表达形式，直接用主观性强的"要"了。这种语境下，大家理解母女之间有时候不必太客气，可以直接地表达自己的愿望。

总之，交际过程中主观性程度高的"要"需要注意交际对象的身份，如果确定对象有误的话交际上会产生问题，主观性程度低的"想"则在委婉表达过程中使用，表示客气的口气。

第三节 "要"和"想"的客观性和主观性分析

鲁晓琨提出"要"有四种义项：①
① "要₁"表示主语的意志，否定为"不想"。例如：

　　服务员来结账时，吴迪坚持**要**由他付款。（王朔《一半是火焰，一半是海水》）

② "要₂"表示情理、现实需要或说话人的要求，否定式为"不用"或"不要"，例如：

　　我觉得人活着就**要**做事，没事也得找事，不然太空虚了。（王朔《无人喝彩》）

③ "要₃"表示某种情况趋近出现，分 A 组和 B 组。
A 组：说话人根据已知时间传达某种情况趋近出现，例如：

　　冬儿马上就**要**下乡了，也不替她张罗张罗行李。（池莉《你是一条河》）

B 组：说话人根据征象推测某种情况趋近出现，例如：

　　第二天，天灰蒙蒙的，**要**下雨。（老舍《鼓书艺人》）

④ "要₄"推测某种情况出现的必然性，否定式为"不会"。例如：

　　"这样就不行！这样你到了社会上就**要**吃亏。"

---

① 鲁晓琨：《现代汉语基本助动词语义研究》，中国社会科学出版社 2004 年版，第 175—177 页。

鲁文没有专门列出"想"的义项。

以往的语法研究都很少有人从客观性和主观性的角度提出意愿类助动词之间的语义句法和语用特征。下面试图探讨意愿类"要"和"想"的客观性和主观性差别。

一 客观性分析

鲁晓琨的分析可见,"要₁"表示主语的意志,是相当于我们要探讨的意愿类。作者指出"想"和"要"都是主语指向,"要₁"不是表示说话人的主观判断,是说话人客观传达主体行为的意愿。"想"表示的意愿具有主动自发性。[①] 我们认为"要"和"想"表达客观性,同时也能表达主观性,值得注意的是它们之间有不同的客观性和主观性的程度。"客观性"与"主观性"相反,没有自我的主观评价,强调是客观真实。比如:

(1) **想**互相了解,我们就**要**多交流。
(2) 为了给子孙后代留下绿树蓝天,我们每个人都**要**保护环境。
(3) 地震后,很多人**想**去当志愿者,有的人**想**捐钱。
(4) 要**想**生存下来,要**想**在生存中求发展,一切都得靠自己,**想**成功谈何容易。(《中国北漂艺人生存实录》)
(5) 大年三十,大家都**想**回家聚聚。
(6) 大家都**想**知道新奇的事。

上面这些句子的"要"和"想"都有比较客观的意愿意识。

二 主观性分析

李善熙认为:"任何话语都带有主观性,不带有说话人的态度、感情、视角的语句是不存在的,但是主观性和主观化确实有程度的差别,为

---

① 鲁晓琨:《现代汉语基本助动词语义研究》,中国社会科学出版社2004年版,第204页。

方便起见，主观程度最低（逼近零）的情景我们就称之为不带主观性或具有客观性。"① 我们首先看看意愿类"要"和"想"之间的客观性区别。例如：

(7) a. 我**要**搬家。
　　b. 我**想**搬家。
(8) a. 我**要**买双皮鞋。（引自《对外汉语教学语法释疑201例》）
　　b. 我**想**买双皮鞋。

例（7）和例（8）"要"和"想"都一般地表达说话人"搬家"和"买皮鞋"这个打算或意愿，这里只表示说话人的客观意识，客观性，不过二者的客观性程度有所不同。例（7）a和例（8）a表达说话人对"搬家"和"买皮鞋"这个意愿有肯定的意识，而例（7）b和例（8）b表达说话人在客观上不是很肯定的态度，换句话说，只在心里想的过程，还不能肯定的情景。因此，这种情景下"要"的客观性高于"想"。我们认为助动词"要"和"想"既有客观性，又有主观性。下面我们再进一步分析它们之间的主观性程度区别。例如：

(9) a. 我**一定要**去上海。
　　b. 我**很想**去上海。
(10) a. 他**确定要**回家。
　　b. 他**还想**回家。

例（9）和例（10）中，"要"和"想"都表达说话人"去上海"和"回家"的意愿或打算。但它们在主观程度上有区别。"主观性"（subjectivity）是指在话语中含有说话人"自我"的表现成分。也就是说，说话

---

① 李善熙：《汉语"主观量"的表达研究》，博士学位论文，中国社会科学院，2003年，第7页。

人在说出一段话的同时表明自己对这段话的立场、态度和感情（Lyons1977：739）。①例（9）a 和例（10）a 中说话人表达主观上的强烈愿望，句中"要"前面加"一定""确定"这些词语表示说话人对"去上海"和"回家"这些愿望是已经很肯定的态度意识，例（9）b 和例（10）b 中"想"前面的"很"和"还"表达说话人意愿只是比一般的高，还不能确定。因此，二者之间在主观上有一定的程度差别。我们发现"要"和"想"都有主观性，但是"要"比"想"主观性程度高，因为"一定要""确定要"表达说话人已经很肯定的决心的意识，"很想""还想"表达说话人在心里的激烈愿望，不过还是不太确定"去还是不去上海""回家还是不回家"的打算。因此，"要"的主观性程度比"想"高。

由于"要"和"想"表达的主观性程度不同，因而二者不能互换。例如：

（11）a. 宝宝非**要**买那个玩具，不买就不愿意回家。
　　　＊b. 宝宝非**想**买那个玩具，不买就不愿意回家。
（12）a. 他人那么好，再说我们谈了几年了，无论等到多久，我必定**要**嫁给他。
　　　＊b. 他人那么好，再说我们谈了几年了，无论等到多久，我必定**想**嫁给他。
（13）a. 他极爱那个碗，因为它是祖国人民送给他的；每天，他**要**擦洗几次，不许它有一点脏污。（老舍《无名高地有了名》）
　　　＊b. 他极爱那个碗，因为它是祖国人民送给他的；每天，他**想**擦洗几次，不许它有一点脏污。
（14）a. 我**要**拍许多电影，把从影看作是我的职业。（宋幸福《科拉松幼女梦想当明星》）
　　　＊b. 我**想**拍许多电影，把从影看作是我的职业。

---

① 沈家煊：《语言的"主观性"和"主观化"》，《外语教学与研究》（外国语文双月刊）2001 年第 4 期。

第三章 从主观性角度比较意愿类"要"和"想" / 85

例（11）a 至例（14）a 的"要"表达的是很强烈的意愿意识。因此，主观性程度低的只停留在心里表达愿望的"想"不好在这些句子里使用，所以，例（11）b 至例（14）b 都不成立。同样，主观量大的"要"在下面这些句子里意思变了，例如：

（15）a. 本来**想**写信来表示欣赏的人，突然犹豫起来：会不会被人误会？（龙应台《自白》）

*b. 本来**要**写信来表示欣赏的人，突然犹豫起来：会不会被人误会？

（16）a. 到街上，她看见什么都**想**买，而又都嫌太贵。在人群里，她挤来挤去，看看这，看看那，……（老舍《正红旗下》）

b. 到街上，她看见什么都**要**买，而又都嫌太贵。在人群里，她挤来挤去，看看这，看看那，……

（17）a. 当天晚上 9 点多钟，他送我到了我小姨家，说他很**想**再见到我。（肖虹《相见，仅仅四次……》）

*b. 当天晚上 9 点多钟，他送我到了我小姨家，说他很**要**再见到我。

（18）a. 我现在很**想**戒毒，你们能不能介绍一间戒毒医院给我？"（邓毅富《来自戒毒所的报告》）

*b. 我现在很**要**戒毒，你们能不能介绍一间戒毒医院给我？"

（19）a. 我**想**请您看看我的拙作！（刘海粟《眼前丽日君何在》）

*b. 我**要**请您看看我的拙作！

（20）a. 我的确**想**听听他的故事。（邓毅富《来自戒毒所的报告》）

b. 我的确**要**听听他的故事。

例（15）a 至例（20）a 都表示说话人对表达愿望的一种意识，都是较客观地表达这种意识，而不是表达说话人对这个愿望的很强烈的意识。其中例（16）b 和例（20）b 成立，例（17）b 和例（18）b 则不只在主观程度上不符合，而且在句法上也不允许，"要"不受"很"的修饰。例（19）b 请别人做的事情，不能用"要"来表达自己的意愿。可见，主观性程度的区别反映了说话人对意愿的确信程度的差异。

三 主观性程度分析

"意愿"是未实现的心理概念，鲁晓琨说："动作主体的意愿只能停留在心愿阶段，无行动或实现的可能性。"① 心里的愿望和意愿不一定能行动，只能在认知意识的程度来衡量它。我们给"意愿意识"主观性的程度只能靠说话人的意识确信来区别。根据说话人的意识，"要"和"想"的意愿确信程度有所区别。

说话人对某件事的意愿意识作出判断时，说话人是基于自己的认知意识来判断的。说话人判断意愿意识时，自然存在主观的确信程度，不同的确信程度造成了不同的表达方式。比如：

（21）今天，他对小朋友们和知心姐姐说："长大以后我**要**去梅里雪山找爸爸。"（《中国青年报》1992）

（22）我们多么**想**找回童年的自我——积极、热情、无忧无虑。（吉林日报社《我们究竟出了什么毛病》）

这两个例句在主观确信程度上有很明显的区别，例（21）是表达说话人对"长大以后要去找爸爸"的意愿意识非常希望或可以相信。例（22）是表达说话人对"找回童年的自我的回忆"作出一种推测，这两种意愿中，例（21）的命题的意识性很大，说话人对将来的事情的愿望还可以肯定，例（22）说话人却无法肯定或无法实现过去的事的意愿。两个例句比较起来，例（21）选用"要"，表示以后的事还可以去实现，可以肯定这个意愿的认识。例（22）表明说话人不能去实现的情况，故选用"想"，它是只能停留在心里的认识。

---

① 鲁晓琨：《现代汉语基本助动词语义研究》，中国社会科学出版社 2004 年版，第 195 页。

我们发现,"要"和"想"都表示意愿,但在不同时间领域上和在一定的语境中更明显地区别出二者之间的主观性程度。根据上述分析表明"要"的主观性程度比"想"高。从客观的角度来说,说话人对命题有更确信的意愿时用"要"来表达。相反,说话人对命题的意愿不太肯定或不能确信时用"想"来表达。"要"和"想"在表达说话人的主观认识时确实有高低的差别。这种确信程度的不同造成了"要"和"想"用法上的区别。

第四节 "要"和"想"的主观量分析

陈小荷[①]认为"主观量"是含有主观评价意义的量,与"客观量"相对立。主观量中也包含有对量的客观叙述,所以主观量和客观量的区别仅在于是否同时含有对量的大小的主观评价意义。闵星雅[②]说,所谓主观量是指说话人的确信程度在语言表达上体现为主观信息量。说话人对自己的想法很确信、很有把握,在通过语言来表达时,被使用的某一词语或句子包含的主观信息量就大。与之相反,如果说话人对自己的想法不是很确信或不是很有把握时主观信息量就小。通过前辈和时贤们的分析,可以确认"要"和"想"有明显的主观性,"要"的主观意识强于"想","要"可以表达跟事实比较接近的意愿,换言之,"要"表达对某件事的意愿意识性很强,"想"的意愿意识量低于"要"。也就是说,如果说话人对自己的愿望的强烈性确信度很高的话,那么被使用的某一词语或句子包含的这个事情会发生的信息量也会很大,是主观大量。相对来说,如果说话人对自己的意愿意识不是很有把握或确信度低的话,这个愿望能实现的信息量会很小,就是主观小量。"要"和"想"在主观信息量上有着明显的区别,比如:

[①] 陈小荷:《主观量问题初探——兼谈副词"就"、"才"、"都"》,《世界汉语教学》1994年第 4 期。

[②] 闵星雅:《助动词"能"和"会"的认知研究》,上海师范大学博士学位论文,2007年,第 66 页。

（1）他认为，"我的人生哲学是工作，我**要**揭示大自然的奥秘，并以此为人类造福。"（《自然辩证法简明教程》1984）

（2）哈，有了，生命之树常绿！老作家耄耋之年尚且深入生活，笔耕不辍，我当然**要**写这常青树啦。（赵大年《雷老的常青树》）

（3）傅亚光在一旁说："妈，您再不是孤人了。我就是吃得差点、穿得差点，也**要**好好照顾您。"一席话让老人喜泪长流。（刘勇《傅亚光征母奇情》）

例（1）至例（3）这些句子都表达说话人非常愿意做这些事情的意识，对自己的愿望很有把握，意志性很强。"为人类造福""老作家耄耋之年尚且深入生活""吃得差点、穿得差点"这些词语表示说话人做这些事的意愿程度很高。因此，这些句子里呈现出的主观信息量都很大。并且在这些句子里"要"可以出现，而换成"想"，主观信息量会减少很多，甚至不太符合。例如：

（4）？他认为，"我的人生哲学是工作，我**想**揭示大自然的奥秘，并以此为人类造福。"

（5）？哈，有了，生命之树常绿！老作家耄耋之年尚且深入生活，笔耕不辍，我当然**想**写这常青树啦。

我们认为，"要"所包含的主观信息量是大量，因此"要"可以出现在说话人强烈付出意愿的句子里。跟"要"相比，"想"所包含的信息量是小量，因此，有些句子里"要"和"想"不能替换。下面的句子是主观小量的意愿，不能用"要"代替，例如：

（6）"我非常**想**（＊**要**）去，可是我有一大堆工作。你还是早点打电话订机票，免得太迟了……"（《读者》）

（7）小王，说真的，我真**想**（＊**要**）收回这里的房子！（老舍《茶馆》）

（8）"**想**（＊**要**）当呀，还**想**（＊**要**）入党，还**想**（＊**要**）办飞国外的护照呢。"（王朔《空中小姐》）

例（6）至例（8）都表示说话人的积极性的意愿，但是句子中的"可是我有一大堆工作""说真的""入党、办护照"这些话和词语表示实际上说话人不那么容易去实现他的愿望或只能在打算的过程中，能行动的机会很少，只能停留在心愿里，不能确信，在这种情况下主观量大的"要"不适用。那么哪些情况下不能用"想"呢？比如：

（9）"我也这样要求过，她死不肯，一定**要**（***想**）回上海结婚，说她父亲——"（钱锺书《围城》）
（10）共产党人**要**（***想**）全心全意为人民服务。（马文瑞《永远保持延安作风》）

例（9）表示女的已经决心回上海结婚的意愿，例（10）表示共产党人决心为人民服务的态度。这些表达决心意愿意识的情况下"想"不能出现。

说话人对意愿意识的确信程度高，主观量就大。说话人对意愿意识的确信程度低，主观量就小。选择"要"和"想"就取决于说话人对意愿意识的认知因素，也就是认知程度。"要"和"想"的主观量不同导致了语义、句法和语用上的不同。主观信息量大的"要"包含"确定意愿""决心意志、接近目标"的语义，主观小量的"想"包含"非确定意愿""远离目标"的语义。

总之，助动词"要"和"想"都能表示主观意识，包括客观性和主观性意识。通过"主观性"和"主观量"来解释"要"和"想"的语义、句法和语用上的区别，发现根据主观性的程度不同它们的主观量也有差别。主观量的不同会出现"要"和"想"的句法上的区别，修饰语体现了不对称现象。"要"是主观大量，语义上表达"确定性""决心意志""离目标接近"的意义。"想"是主观小量，语义上表达的是"非确定性""一般意愿""远离目标"的意义。语境、交际策略和交际对象导致了"要"和"想"语用上的区别。根据语境和交际对象的不同，"要"既可以表达在正式的场合上，也可以表达在亲密、热情的场合上，需要注意的是交际对象的准确性，如用错的话表达意愿的"要"也会变成命令的表达。当交际对象跟说话者关系密切的时候,我们可以使用"要"来表达,带有直接的口气;"想"在正式场合中表达委婉的语气,具有客气的口气。

第四章

可能类"要"和"能"的共时研究

第一节 "要"和"能"的相关性

助动词"要"是多义性词,一般有五种义项,其中包括可能类义项。《现代汉语八百词》和《实用现代汉语语法》都指出"要"有可能的意义。例如:

(1) 看样子会**要**下雨。(《现代汉语八百词》)
(2) 不顾实际一味蛮干**要**失败的。(同上)
(3) 会议大概**要**到月底才能结束。(同上)
(4) 你这样自以为是是**要**栽跟头的。(《实用现代汉语语法》)
(5) 脱离群众,十个有十个**要**失败。(同上)

《现代汉语八百词》表示助动词"能"有六种义项:[①]

①表示有能力或有条件做某事。可以单独回答问题。否定用"不能"。例如:

他的腿伤好多了,**能**慢慢儿走几步了。

②表示善于做某事,前面可以加"很"。很少单独回答问题,否定用"不能"。例如:

[①] 吕叔湘:《现代汉语八百词》,商务印书馆 2008 年版,第 414—415 页。

这个人真是**能**说会道。

③表示有某种用途。可以单独回答问题。否定用"不能"。例如：

橘子皮还**能**做药。

④表示有可能。很少单独回答问题。否定用"不能"。例如：

天这么晚了，他**能**来吗？我看他**不能**来了。
这件事他**能**不知道吗？
满天星星，哪**能**下雨？

（a）常与表示可能的"得"同用。例如：

只要认真读下去，就**能**读得懂。

（b）可以用在"应该"后面，也可以用在"愿意"前面。例如：

这本书写得比较通俗，你应该**能**懂。
搬到这么远的地方，他们**能**愿意吗？

⑤表示情理上的许可，多用于疑问或否定。表示肯定用"可以"。例如：

我可以告诉你这道题该怎么做，可是**不能**告诉你答案。

⑥表示环境上许可，多用于疑问或否定。表示肯定用"可以"。例如：

公园里的花怎么**能**随便摘呢？

这衣服**不能**再瘦了，再瘦就没法穿了。

以上"能"的义项中第四个义项是我们要讨论的表示有可能的"能"。《实用现代汉语语法》给"能"分成六种义项：①

①表示主观上具有某种能力。例如：

这个机器的马达坏了，**不能**开动了。

②表示具备某种客观条件。例如：

今天气温低，水**能**结成冰。

③表示情理上的许可，多用于疑问句和否定句。例如：

天这么晚了，我不**能**让你走！

④表示"准许"，多用于疑问句和否定句。例如：

那是集团的财产，我怎么**能**让你随便破坏？

⑤表示估计。例如：

今天小刘**能**到北京吗？
电影已经演了一半了，他**不能**来了。

⑥表示善于做某事。例如：

老师傅可真**能**睡。

---

① 刘月华等：《实用现代汉语语法》，商务印书馆2009年版，第180—181页。

上面义项中第五个义项是我们要讨论的可能类"能"。我们试图分析两本著作中助动词"要"和"能"的可能类义项之间的相关性，先把二者互相替换看看。例如：

(1′) 看样子会**要**（？**能**）下雨。(《现代汉语八百词》)
(2′) 不顾实际一味蛮干**要**（***能**）失败的。(同上)
(3′) 会议大概**要**（***能**）到月底才能结束。(同上)
(4′) 你这样自以为是是**要**（***能**）栽跟头的。(《实用现代汉语语法》)
(5′) 脱离群众，十个有十个**要**（***能**）失败。(同上)

上面"要"和"能"替换后发现，例(1′)中"能"的前面有助动词"会"，根据马庆株"助动词连用的顺序来看，可能动词B类能自相组合，自相组合时可以互为先后。其中出现在前面的能愿动词的意义大致相同，表示可能"①，因此，例(1′)的"会能"组合还是表示可能。但是"看样子会能下雨"句中的"能"不表示自然下雨的可能，很有可能是人工制造后下的雨。所以，例(1′)只能勉强成立。例(2′)、例(4′)和例(5′)句中"能"表示会发生事情的可能性。但是，"能"后面接的词语表示积极向上的意思，我们认为"能"主要是来源于能力，人们总是倾向于拥有好的、正面的能力，所以作为助动词的"能"也带有这样的语义特点。因此，"失败、栽跟头"这些词都不能跟"能"搭配，例(2′)、例(4′)和例(5′)都不能成立。例(3′)"能"估计会议结束的可能的时间，表示可能性，但是它不能在单句里出现。因此，"要"字句虽然表示可能意义，但也不能替换成"能"。再如：

(6) 天赐傻了，他不懂买卖，他以为买卖就是平地挖钱。怎么他也没想到买卖会**要**（***能**）倒。他更觉得爸不应死，可是已经死

---

① 马庆株：《情态语气范畴中语气词的功能分析》，《南京师范大学文学院学报》2002年第3期。

了!(老舍《牛天赐传》)

（7）如果我在我的小小客厅之内端起茶碗，由荆妻稚子在旁嘤然一声"送客"，我想客人会**要**（＊**能**）疑心我一家都发疯了。(梁实秋《客》)

上面的分析表明可能类"要"字句几乎不能接受可能类"能"的替换，因为"'能'的基本语义是'能力'，只能选择'正向义动词'做'主动词'，不能以'负向义动词'为主动词"。①

那么，我们再来看可能类"能"字句中能不能替换"要"字，如果可以的话，换成"要"后结果会怎么样，例如：

（8）天这么晚了，他**能**（**要**）来吗？(《现代汉语八百词》)
　　我看他不**能**（＊**要**）来了。
（9）今天小刘**能**（**要**）到北京吗？(《实用现代汉语语法》)
（10）电影已经演了一半了，他不**能**（＊**要**）来了。

例（8）至例（10）中发现疑问句例（8）和例（9）句子可以成立，例（8）问句中的"要"偏重主观意愿的可能性，可以理解成说话人觉得他不一定来的可能义，又倾向于意愿义："这么晚了，他愿意来吗？""他会来吗？"例（9）中"要……吗？"表示咨询小刘今天会不会到北京，也是可能义。例（8）否定回答和例（10）否定句说不通，因为这些句子里的"不要"意义不代表可能义，"不要"一般不能对第三人称直接说，对第二人称说"不要+V"是命令或禁止的意义，被禁止的对象为第二人称，比如"你不要来了、你别来了"表示不允许他再来的意义。可见，否定形式"不要"，不表示可能义，不可以替换成"不能"，也是因为"能"偏重客观实现的可能性，例（8）和例（10）的"他不要来了"还表示不希望他来或反对他来的意思。再说，例（10）是因为电影开场是客观条件，所以只能用"能"了。二者之间的语义相关度较差。这说明

---

① 许和平：《试论"会"的语义与句法特征——兼论与"能"的异同》，《汉语研究》(三)，南开大学出版社1993年版。

可能类"能"和"要"表示否定时完全不相同，没有相关性。

再看可能类"能"疑问形式中的"能"和"要"互换后的情况，例如：

(11) a. 你**能**逃脱得了你自己的那段历史吗？（转引自胡裕树、范晓《动词研究》）

＊b. 你**要**逃脱得了你自己的那段历史吗？（同上）

发现例（11）b根本说不通，因为"要＋VP＋吗？"往往表示意愿义或必要的提问。

总之，可能类助动词"要"和"能"在基本意义上有限制，相互之间的语义相关性比较远，但是它们在一定的条件下各自都有可以表达可能意义的特点。

第二节 "要"和"能"的句法、语义区别

本书对可能类助动词"要"和"能"的句法、语义和语用进行详细分析，运用三个平面理论分别对"要"和"能"的句法、语义和语用进行讨论，指出二者的句法、语义和语用共性和区别特征。

一 二者的句法特点

（一）"要"的句法特点

根据第二章第三节第一大标题第三小标题可能类"要"的句法分析结果，已指出可能类助动词"要"的基本句法形式：（1）要＋V（的）；（2）副词＋会＋要＋VP＋（的）；（3）要＋动补结构/要＋处所＋VP＋呢；（4）要＋连动句；（5）时间短语＋要＋VP；（6）要＋形容词＋数量补语＋V。从中我们再进一步研究可能类"要"的句法形式特点。发现"要"表示可能的时候，句子中往往会有表示可能性的其他的词语，比如与"会""也许""该"等词语在一起。例如：

(1) 还有些思虑更周到的人，把食物携在手上，亲自送到车上

船上，好像是你在半路上**会要**挨饿的样子。(梁实秋《送行》)

(2) 我的朋友又说：他很能知道，这民性，终究**会要**变成一座大爆发的火山。(叶紫《南行杂记》)

(3) 这念头像婴儿似的，总是在我的心里生长着。如果我有了儿孙，这**也许会要**遗传给我的儿孙，要想拔除也是没有用！(萧军《我研究着》)

(4) "悲剧，将来我们**一定会要**闹出悲剧的。"(谢冰莹《穷与爱的悲剧》)

例(1)至例(4)中"要"表示可能，发现"要"出现的句子中会有着其他表示可能意义的词语。例(1)"要"前面的"会"，主语前还修饰"好像是"，表示"挨饿"这一命题会有可能发生。例(2)"要"前面由"会"修饰，强调"这民性可能会变成爆发的火山"。例(3)"要"前面有副词和助动词"也许会"，表示"遗传"的事有可能发生的意义。例(4)"要"前面有助动词"会"，"会"前面再修饰副词"一定"，主语前还有时间副词"将来"，句尾"的"也进一步强调"要"的可能性。整个句子表示将来"闹出悲剧"这一命题发生的可能性很高。总之，"要"表示可能意义的时候命题往往表示不如意的事情，不希望发生的事情。

再看可能类"要"的疑问形式，疑问形式"要"的前面会出现"会""该"等表示不太确定的可能意义的词语，句尾的"吧"表示猜测的语气。例如：

(5) "喔，雷斯林，你**不会要**把他留在这里吧？"泰斯恳求道。他松开尼修的手，往前跨出一步。(翻译作品《龙枪传奇02》)

(6) "大人，我们今天晚上该**不会要**在这边过夜吧？"他忐忑不安的说。"如果这附近有住哈比人的话，我们可以去找人投宿啊。"(翻译作品《魔戒-1》)

例(5)和例(6)都是可能类"要"的疑问形式，意义上突出不确定的可能意义，"要"前都有"不会""该不会"，句末有"……吧？"成分。看句法格式"不会要……吧?"都表示不确定性。既然这些句子都表示可能义,就再细分析一下句子之间的关系。我们试比较一下例(5)和例(6),例(5)中"你不会要把他留在这里吧?"说话人"泰斯"在怀疑"把他留在这里"这一命题的可能性,所以向雷斯林恳求提问,他不希望把他留在这里,也不能确定"是"还是"不是"。因此,句末用"吧"来提问。整个格式"不会要……吧?"表示可能疑问。例(6)"我们今天晚上该不会要在这边过夜吧?"问句中用"该不会要……吧?",这种疑问表达形式比例(5)的"不会要……吧?"形式疑惑更多,说话人觉得在这里过夜是根本不可能的事,所以他很不安地向对方提问了。例(5)和例(6)都表示对"要"后面的命题的可能疑问,"要"前面的"不会"已经有可能性的否定意义了,前面再加"该""该不会"更强调可能性的否定,句末的语气词"吧"也表示不确定的意义,都表示不希望发生这种事实的意义。整个格式"该不会要……吧?"已经着重表达对这一命题的可能疑问不确定性。因此,例(6)比例(5)更强调不可能的疑问。

可能类"要"的否定形式不用"不要",因为"不要"是必要类"要"的否定,表示禁止的意义。因此,可能类的否定不用"不要",用"不会"或者"不可能"。例如:

(7) 他这数字是有根据的,**不会错**。(《现代汉语八百词》)
(8) 甲:你这样固执是要出问题的!(《实用现代汉语语法》)
    乙:你放心,**不会(不可能)**出问题。

可见,可能类"要"的肯定形式和疑问形式在句法上往往跟"会"和"的"这些词搭配使用,强调可能性,在未然句中出现,表示不希望发生的事情或不如意的事情出现的可能。这样,我们会有疑问:"要"单独出现时有没有表示可能的作用?我们已证明过这一点:在上面"要"和"能"的相关性分析中,《现代汉语八百词》和《实用现代汉语语法》的例句表明过单独的"要"也有可能的意义。我们来进一步证明一下这个语言事实。例如:

(9) 不顾实际一味蛮干**要**失败的。(《现代汉语八百词》)
(10) 脱离群众,十个有十个**要**失败。(《实用现代汉语语法》)

我们把例(9)和例(10)的"要"去掉的话,整个句子的意义就变了,请看:

(9′) *不顾实际一味蛮干失败的。
(10′) 脱离群众,十个有十个失败。

例(9′)已经变成不完整的句子了。"失败的"前面没有一个词语是说不通的,前面加上"会"字或者加上"要"才说得通。例(10′)变成已知信息,没有可能的意思了,就变成必然的意思。因此,句法形式上"要"也有可能意义。我们进一步证明"要"的可能的作用。例如:

(1′) 还有些思虑更周到的人,把食物携在手上,亲自送到车上船上,好像是你在半路上**要**挨饿的样子。(梁实秋《送行》)
(2′) 我的朋友又说:他很能知道,这民性,终究**要**变成一座大爆发的火山。(叶紫《南行杂记》)

我们把例(1)和例(2)中的"会"去掉以后,例(1′)和例(2′)中"要"还是承担可能意义的任务,因为"要"本身有未然性特征,所以这些未然句中的"要"前面没有"会"字的搭配也能表达可能义,再如:

(11) 如果肺里面能够呼吸的部分,只剩得很小的地盘,以致不能供给起码的新鲜空气给血液,那么,就**会要**致命。(《中国科学小品选 1934—1949》)
(12) 读者预料父女间的矛盾冲突早晚**会要**爆发,将打破原有的平衡。(《文艺学原理》)
(13) 大家提出冷的问题,说,这么下去**会要**减人的,可是,老祖宗说,冷,怕什么,我们不是会取火吗?(《"北京人"的发现》)

(14) 总之，现在，我不能相信它的真切，即使是真切，也是仍**会要**逝去的。(梁雯《春》)

上面例（11）至例（14）中"会"和"要"搭配在一起出现，这些例句的"要"表示可能的意义。例（11）如果肺里面地盘不够就会有致命的可能。例（12）因为父女间的矛盾冲突早晚会爆发，将有打破原有平衡的可能。例（13）因为天气太冷，会发生减人的可能。例（14）真切不能改变，仍有会逝去的可能。我们试着把上面这些句子中的"会"删除看看，比如：

(11′) 如果肺里面能够呼吸的部分，只剩得很小的地盘，以致不能供给起码的新鲜空气给血液，那么，就**要**致命。(《中国科学小品选1934—1949》)

(12′) 读者预料父女间的矛盾冲突早晚**要**爆发，将打破原有的平衡。(《文艺学原理》)

(13′) 大家提出冷的问题，说，这么下去**要**减人的，可是，老祖宗说，冷，怕什么，我们不是会取火吗？(《"北京人"的发现》)

(14′) 总之，现在，我不能相信它的真切，即使是真切，也是仍**要**逝去的。(梁雯《春》)

发现例（11′）至例（14′）中删除"会"后，每条句子的意义都不变，还是表示"可能发生"的意义。这表示助动词"要"不管是哪一类，它的基本句法形式"要+VP"仍然能表达这一类的意义。

(二)"能"的句法特点

根据语料分析的结果"能"表示可能义时句法环境有七种情况：(1)"能"后接谓语动词；(2)"能"前面修饰助动词"应该"，后面接谓语动词；(3)在"只能+NP+才能+VP"中出现；(4)在"不是+……能+VP+的"中出现；(5)否定形式表达"不能"；(6)在"怎么能+VP……呢？"疑问形式中表达否定义；(7) 在"能+VP……吗？/不能+VP……吗？"疑问形式中出现。

1. 能 + VP

（15）牛大姐沉思地点点头。李东宝道："**能**发生什么问题我就不懂！前面都讲了，咱们什么也不用出，既然不付出何来损失？"（王朔《懵然无知》）

（16）我们两校挨得如何近，没准天天都**能**碰见……（王朔《一半是火焰，一半是海水》）

"能"后面加 VP 动词短语，是最基本的助动词句法形式。例（15）说话人提出可能会发生什么问题他就不知道。例（16）因为挨得很近，可能天天都会碰见。

2. 应该 + 能 + VP

（17）里面的人**应该能**看见我们，可能是打不开盖了。（柳建伟《突出重围》）

（18）方英达冷笑一声，说："以你的聪明，**应该能**想得到。"（同上）

（19）"你们**应该能**想到，我那干儿子就是八方台镇的王吉成。"（迟子建《原野上的羊群》）

（20）"……我并没有露面呀"，小家伙高声说。然后从门后又传出一阵怪笑。是两个人在笑——如果碧丹不是气疯了的话，她**应该能**听出来。（小飞人《三部曲》）

"能"前面修饰助动词"应该"，表示可能义并加推测，后面加动词短语。例（17）说话人估计里面的人有可能看到他们。例（18）方英达对听话人说因为听话人聪明，可能想得到相关事情的。例（19）中说话人觉得听话人可能想得到她的儿子是谁。例（20）说话人觉得如果碧丹不是气疯了的话，她可能听得出来是谁在笑。

3. 只能 + NP + 才能 + VP

（21）贾娅女士是一名记者，20 多年前，当她开始在新德里工作

时，尽管有足够多的假期，然而有限的收入使她**只能**一两年**才能**回金奈探亲一次。（新华社 2004 年新闻稿）

（22）带着女儿正在选购摄像头的市民王女士告诉记者，她女儿去年到广州上大学，一年**只能**在寒暑假时**才能**回家，平时只是通通电话，看不到女儿是胖了还是瘦了，家里人都很惦记她，她女儿也总想家。（新华社 2004 年新闻稿）

（23）细胞这么小，所以**只能**在显微镜下**才能**看到。（《中国儿童百科全书》）

助动词"能"的前面有表示"有条件"性的"只能＋NP＋才"形式，"能"后面加动词短语。整个句型表示必然的可能，只有这个条件，才能有这种结果的可能。例（21）表示记者女士因为收入有限，所以只能一两年才能回一次家的可能。例（22）表示说话人的女儿在广州学习，一年才能回家一次的可能。例（23）表示因为细胞太小，只能在显微镜下才看得到的可能，因此这些例句都表示必然性的可能。

4. 不是＋……能＋VP＋的

（24）要提高自己的修养，做一个高尚的人，并**不是**一朝一夕、听几次广播就**能**奏效**的**。（《人民日报》1994）

（25）听说许多人特别是一些老同志听到后激动不已，足见人们对精神生活的渴望，远**不是**流行歌曲所**能**满足了**的**。（同上）

助动词"能"在"不是……的"句中出现，"不是……的"强调"能"后面接动词谓语的有条件性的可能。例（24）表示要做一个高尚的人不可能只做一朝一夕就奏效的。例（25）中表示流行歌曲不可能满足对精神生活的渴望。

5. 否定形式"不能＋VP"

（26）"我**不能**说他是有罪的，也**不能**说他是无辜的。"老单。（王朔《枉然不供》）

（27）我们**不能**知道这晚上阿 Q 在什么时候才打鼾。但大约他从

此总觉得指头有些滑腻，所以他从此总有些飘飘然。（鲁迅《阿Q正传》）

（28）她去的那个地方，我**不能**知道，世人也**不能**知道，或者她自己也**不能**知道。然而宛因是死了，我看见她病的，我看见她的躯壳埋在黄土里的……（冰心《"无限之生"的界线》）

例（26）至例（28）都是典型的可能的否定。助动词"能"前面修饰否定副词"不"，后面接动词短语。例（26）说话人没有条件说"他是有罪的或者无辜的"这种可能。例（27）表示大家不可能知道那天晚上阿Q的情况。例（28）因为她已经病死，所以谁都不可能知道她在哪里。

6. 疑问形式中的否定义"怎么能 + VP + 呢？"

（29）这一套的本领，我可**怎么能**知道**呢**？……（鲁迅《二心集》）

（30）把饼干扔进嘴里大口嘎巴嘎巴地嚼。"我是干了，这太过分了，我要向你道歉，隆重地道歉。太不像话了，我**怎么能**干出这种事，你当时为什么不阻止我？"（王朔《我是你爸爸》）

（31）这种状态，**怎么能**不影响工作、学习**呢**？（王定国《语重心长话学习》）

"能"的前面有修饰疑问词"怎么"，句尾常带语气词"呢"，用疑问形式来表达否定意义"不可能"。例（29）中说话人反问听话人他怎么可能知道，就是不可能知道。例（30）说话人说他不可能干出这种事。例（31）表示这种状态肯定影响工作和学习的可能。在这里要注意的是"怎么能 + VP + 呢？"表示否定的可能疑问，"怎么能不 + VP + 呢？"表达的是肯定的可能疑问。

7. 疑问形式"能 + VP……吗？/不能 + VP……吗？"

（32）你毕业后**能**留在上海工作**吗**？

（33）如果早贴这个，村子里**能**有这么多病人**吗**？"深受乙肝困扰的村民们问道。

(34) "南希啊,你没事干**不能**到街上给过往群众修修自行车**吗**?"于德利说。(王朔《谁比谁傻多少》)

(35) 你**不能**留在这里**吗**?

(36) 大家**不能**说得客气一点儿**吗**?

"能+VP……吗?"表示可能的疑问。例(32)说话人问听话人毕业后有没有在上海工作的可能。例(33)用疑问的方式来说如果早点贴通告病人不可能有这么多。

"不能+VP……吗?"表示可能的反问。例(34)说话人希望南希去街道上给群众修修自行车。例(35)说话人希望听话人留在这里。例(36)说话人希望大家说话客气点。例(34)至例(36)都表示希望可能做到这些事情,用否定形式来提问"这样做有没有可能"的意思。

(三) 二者的句法区别

由上面"要"和"能"的句法分析可见,"要"表示可能义时句法上跟"能"有异有同。基本句法形式都是一样的,"要"和"能"后面接动词谓语或者动词短语,谓语动词都有不可控制的语义特征。例如:

(37) 最近美国暴发的流行感冒,说不定**要**到我们这里来。

(38) 如果战争规模越来越大,说不定**能**影响邻国的安全。

可能类"要"的前面会出现可能意义的其他助动词"会""也许""该"等,可能类"能"字的前面会出现估计意义的"应该"与之搭配。发现根据助动词多项连用的规则,有些助动词可以替换到"能"的前面,有些不可以。下面的句子里只能用"要",不能用"能",例如:

(39) a. 这念头像婴儿似的,总是在我的心里生长着。如果我有了儿孙,这**也许会要**遗传给我的儿孙,要想拔除也是没有用!(萧军《我研究着》)

b. *这念头像婴儿似的,总是在我的心里生长着。如果我有了儿孙,这**也许会能**遗传给我的儿孙,要想拔除也是没有用!

例（39）a"也许会要"表示有可能发生的意思，例（39）b"也许会能"是一个病句，因为"会"和"能"两个助动词都表示可能的意义了，不能重复使用，再说"会"前面修饰表示不太肯定的"也许"后不能再跟"能"搭配了。分开用"也许会"或者"也许能"就可以成立。例如：

（40）春秋时，齐桓公出兵追敌，被引进了一个迷谷。管仲说：让老马在前面带路，**也许能**走出去。齐王叫人挑了几匹老马，走在前头，果然走出迷谷。（《中国儿童百科全书》）

再看，"能"前面可以由"应该"修饰，但是"要"的前面则不行，因为"应该要"不表示可能意义，而表示必要的意义了。例如：

（41）＊若有学习的意愿的话，就必定能达到事半功倍的效果了。所以管理者不能因为认为很难鼓励部属，而因此就放弃，**应该要**有信心能启发部属的意愿。（《哈佛经理工作检测》）

"要"字句尾还会出现"的"字，可以构成"要+VP+的"。"能"字句的句末也有"的"字，但它是在"不是……的"句中出现的"的"，不是"能……的"结构。如果是"能"字句句尾出现"的"字，往往是在"能"前面修饰否定副词"不"，构成"不能……的"，表示不可能。"能"还可以在"只能……才"格式中出现。这些词语的搭配更让"要"和"能"确定可能性。例如：

（42）a. 当富弼看见范仲淹在职官簿上勾去这些人的名字时，心中有些不忍，说这些人丢了官，他的全家都**要**哭泣**的**。（《中国儿童百科全书》）

b. ＊当富弼看见范仲淹在职官簿上勾去这些人的名字时，心中有些不忍，说这些人丢了官，他的全家都**能**哭泣**的**。

例（42）b"能……的"不能成立，因为"能"后面不能搭配不如意的词，再者这里的"能"倾向于能力上的可能性，但是大家都有"哭"的能力，因此不能特地用"能"。

否定形式上可能类"要"和"能"有很大的区别，可能类"要"的否定不能说"不要"，要说"不会"或者"不可能"。"能"却可以用"不能"来否定可能义。例如：

(43) a. *天上有很多星星，明天**不要**下雨。
b. 天上有很多星星，明天**不能**下雨。

我们来看可能类"要"和"能"的疑问形式，"要"一般都要借助其他可能义助动词来提问，比如"该不会要……吧？"，一般不能用"要+VP+吗？"和"要不要+VP？"形式来提问可能的意义，因为"要"的多义性，用这些形式来提问会变成意愿或必要的疑问意义。有些情况下可以提问，但是要有预设或条件才行。例如：

(44) a. 下周表姐的婚礼，她**要不要**参加？
b. 下周表姐的婚礼，她**要**参加**吗**？

例（44）有预设"下周有婚礼"，所以"要不要……？"和"要……吗？"可以理解成"会不会……？"或"会……吗？"或"能……吗？"这种可能的疑问。但是有个条件，这种用法只能对有生命的事物的提问才可以用，对自然界非生命的事情就不能用。例如：

(45) a. *各地的天气恶劣，明天暴风雨**要不要**来？
b. *各地的天气恶劣，明天暴风雨**要**来**吗**？

可能类"能"在疑问形式"怎么能+VP+呢？"中表示否定，"能"还可以用"能+VP+吗？"或"不能+VP+吗？"来提问。用"能不能+VP？"形式来提问是有条件的，主语是第三人称才有可能的意义，因为

"能不能＋VP？"多数表示要求或请求义,那时的主语是第一人称或第二人称。例如:

(46) a. 你能不能去一趟办公室?(要求)
　　　b. 我能不能参加演唱会?(请求)
　　　c. 他能不能参加朋友的婚礼?(可能)

例(46)a表示要求听话人去办公室办点事,例(46)b说话人请求对方给他机会参加演唱会,例(46)c为问第三人参加婚礼的可能性。

二　二者的语义特点

(一)"要"的语义特点

《现代汉语八百词》和《实用现代汉语语法》都说"要"有可能的意义,但是这些著作中只是概括性地提出"要"有可能的义项,没有说明"要"表达可能的时候有什么语义特点,本书试着找出"要"的语义平面上的特点。

当说话人用"要"来表达可能性的时候,语义特点表示未知或还未实现的可能。例如:

(47) 一般在毕业后**要**等上一年甚至更长的时间。(吴学谦《在法国和比利时的日子里》)

(48) 最近,三女儿大学毕业了,**要**分配到青岛去工作。(万关源《爸爸真笨》)

(49) 十一月初的某天是他爱人的生日,按照风俗,亲友**要**来祝贺。(语料库在线)

(50) 在读者诸君听见这样的说法,会**要**以为这种话早就说过了,其实不然。

上面这些例句的"要"指说话人说出自己主观认为的未知情况或未实现的可能。例(47)中"要"指"毕业后等更长的时间"的未知可能;例(48)中"要"指女儿毕业后估计"分配到青岛工作",是尚未实现的可能；例（49）中"按照风俗亲友来祝贺"，指十一月初还没到的生日那天亲友会来祝贺的可能；例（50）中"以为这种话早就说过了，其实不然"，指在读者诸君听见这样的说法后以为早就听说过，其实还未听说过的可能性。

说话人用"要"来表达可能意义时，语义特点还表示非现实可能性结果。例如：

（51）总之，现在，我不能相信它的真切，即使是真切，也是仍会**要**逝去的。（梁雯《春》）

（52）死者生前用过的东西一般都要随葬，而《淮南子》说，皮大衣之类不可随葬，据说穿了皮大衣入棺，来世也**要**变成兽类的。（阴法鲁、许树安《中国古代文化史（三）》）

（53）众生是无我，无常的，没有自体，终归**要**消灭的，众生却要求它有我，要求它恒常不变。（语料库在线）

例（51）至例（53）中"要"表示不是现实性的可能发生的结果。"要"指"仍会逝去""来世也变成兽类""终归消灭"这些非现实情况可能会发生或会有某种结果。

说话人用"要"来表达可能意义时，语义特点还表示心理产生的可能性或将实现的可能。例如：

（54）我倒担心你将来的丈夫**要**吃醋。（王朔《浮出海面》）

（55）她怕笑得时间长，会**要**挨骂。（萧红《生死场》）

（56）小陈想，时间长了，日方长途台可能**要**向发话者算钱，于是详细地向日方话务员说明情况，日方话务员也被感动了，表示支持。（语料库在线）

（57）我怕的是今天晚上的舞会**要**开不成了，因为营里要在琼斯博罗集合呢。（翻译作品《飘》）

（58）读者预料父女间的矛盾冲突早晚会**要**爆发，将打破原有的平衡。（易健《文艺学原理》）

（59）我被免职，是预料中的事，迟早是**要**发生的。（《1994年

报刊精选》)

（60）1946年7月初，他发现经常有形迹可疑的人跟踪他，预感自己可能**要**遭到暗害，便对家里人说："我跨出了家门，就不准备再跨进来了。"（《中国儿童百科全书》）

例（54）至例（60）中"要"指心里产生出某种事情要发生的可能，句中出现"担心、怕、想、预料"等心理动词，"要"指"将来的丈夫吃醋""挨骂""向发话者算钱""开不成舞会"等可能性。例（58）至例（60）"要"指说话人预料到即将要实现的可能性，这些可能性大部分都是不希望发生的事情或者不如意的事情，比如"父女之间的矛盾冲突早晚要爆发""被免职""遭到暗害"等。

再看，"要"表示某件事情很有可能发生或发生的可能性程度极高的语义特点。例如：

（61）"悲剧，将来我们**一定会要**闹出悲剧的。"（谢冰莹《穷与爱的悲剧》）

例（61）"要"表示可能，语义特点表示事情很有可能发生或发生的可能性程度极高，句中"闹出悲剧的"发生的可能性程度极高。

（二）"能"的语义特点

王伟在《情态动词"能"在交际过程中的义项呈现》[①] 一文中把"能"的义项概括为六种："能力、条件、该允、可能、意愿、祈使"。文章中作者对"可能义"详细说明了"未知的、非现实的、主观的、非常识性的"，因此有必要对表达事件的整个命题是否具备发生的最基本条件发表看法，主要表示对命题可能性的质疑态度。比如：

①自己的三个孩子，他的两个，养活尚且难，还**能**进学校去读书么？（鲁迅《彷徨》）

②都是久在街面上混的人，谁**能**看不起谁呢？这是知心话吧？

---

① 王伟：《情态动词"能"在交际过程中的义项呈现》，《中国语文》2000年第3期。

(老舍《茶馆》)

鲁晓琨在《现代汉语基本助动词语义研究》① 第二章"'能'的语义和语义构成条件"中，把"能"的语义概括为"'能'表示 NP 具备实现 VP 的条件"。作者提出"能"的作用域在全句，语义重心不在 VP 的实现，而在 NP 已具备条件。"能"在已然句中说明了这一点。比如：

①真的，今天**能**遇见你我特别高兴。上次我们班开同学会我还逢人就打听你。(王朔《动物凶猛》)
②我没**能**挺住，一进去没打就全招了。(王朔《浮出海面》)

作者再把二者进行对比提出"能"的作用，比如：

③他没**能**完成任务。
　他没完成任务。

证明了不用"能"只是表示没有实现，用"能"就表示虽然 NP 具备条件，但没有实现。NP 部分也可以是受事主语，但数量很少。比如：

④要一个人很快改变看法是不容易的。多少代来形成的习惯势力，不**能**一下子消除。(老舍《鼓书艺人》)

这种 NP 部分是受事主语时，"能"也同样"表示 NP 具备实现 VP 的条件"。例句中表示"多少代来形成的习惯势力"不具备"一下子消除"的条件。作者还提出如果"能"前施事、受事同时出现，NP 就有两种可能，比如：

⑤什么女式不女式，你看看那些衣服，男女都**能**穿。(王朔《橡

---

① 鲁晓琨：《现代汉语基本助动词语义研究》，中国社会科学出版社 2004 年版，第 35 页。

皮人》)

"那些衣服"具备"男女都可以穿的条件",也表示"男女"都具备穿那些衣服的条件。

以上这些具备条件的"能"语义都表达在"能力义"的意义上。我们发现鲁文把"可能义"的"能"以"情态表现和非情态表现"来对待。如果断定根据是说话人的生活经验,就是主观推测,"能"就成为"情态表现的用法",比如:

⑥大概的说吧,他只要有一百块钱,就**能**弄一辆车。(老舍《骆驼祥子》)
⑦你只要努力学习,就**能**考上一流大学。

有时同一句中的"能"既可以是"非情态表现"用法,也可以是"情态表现"用法,要看出现的语境。比如:

⑧老师**不能**来了,办公室来通知了。
⑨都过二十分钟了,老师**不能**来了。

例⑧"办公室来通知了"为事实依据,不是说话人的推测,是非情态表现的用法。例⑨是说话人根据上课时间"都过二十分钟了"作出的主观推测,是情态表现用法。

闵星雅从多方面提出"能"的语义特点:[①] 内容域、认识域、情感域和言语行为域。作者指出"语义"和"句法"的区别取决于说话人的使用目的不同。说话人用"能"来表达"客观的可能"的时候,语义上表示"实在的可能",几种语义域中内容域表达的是可能的意义。比如:

①走到后门,**能**闻到这所老房子甜丝丝的霉味。(陈村《琴声黄

[①] 闵星雅:《助动词"能"和"会"的认知研究》,博士学位论文,上海师范大学,2007年,第111页。

昏》）

②大姑娘、二姑娘、三姑娘几乎每天都**能**看到她们的女婿。（汪曾祺《昙花·鹤和鬼火》）

③但是阴差阳错，他没**能**见到小艾。（朱文《我爱美元》）

例①和例②中"能"的语义表示已经实现的可能，例③中的"能"指没有实现的可能。

作者还指出，说话人用"能"来表达"对可能的主观推断"时，在语义上表示"判断和确性"，说话人用"能"来表达"对可能的情感态度"时，在语义上表示"期待、心愿、友谊"等。说话人用"能"来表达"言语行为"时，在语义上表示"命令、请求、提议"等。

《现代汉语八百词》也提出"能"有"可能"的义项。可见，对助动词"能"的语义研究各学者从不同角度提出过，讨论出不同的结果。无论如何，大家都提出过助动词"能"确实有"可能"的意义。

句法和语义是相互制约的，本书根据可能类"能"的句法分析结果继续考察它的语义平面。"能"表示可能义时需要有条件，说话人具备某种条件才能用"能"来表达可能义，"能"具备客观条件的可能性，比如：

（62）"……挨得如何近，没准天天都**能**碰见……"（王朔《一半是火焰，一半是海水》）

（63）"乡里的好小伙还很多，你一定**能**找到一位称心如意的……"（彭荣生《正是为了爱》）

（64）方英达冷笑一声，说："以你的聪明，应该**能**想得到。"（柳建伟《突出重围》）

（65）更令人瞠目结舌的是，拔牙似乎也**能**治疗盲眼。（《中国儿童百科全书》）

例（62）至例（65）中的"能"指客观的可能性，说话人用"能"向听话人说可能会发生的结果。例（62）说话人依客观条件"挨得如何近"来猜出"碰见"的结果，例（63）依"乡里的好小伙还很多"的客观现象，说出"找到一个称心如意的"的可能性，例（64）依"以你的聪明"这一客观现象，才有"想得到"这种可能结果，例（65）"拔牙"这个客观条件，可能引出"治疗盲眼"这样的结果。因此，"能"具备客观的可能性这种语义特点。

再看，当说话人用"能"来表示可能的时候，语义特点表示"主观的可能性"。例如：

（66）我相信他会得到各方面的帮助，他的目标是一定**能**实现的。（胡冰《为了那美好的瞬间》）

（67）不必细细琢磨，也**能**体会得出这里凝聚着多少深仇大恨！（顾子欣《我听见兴都库什山在怒吼》）

（68）回去的路上美滋滋地想：从今以后，我就成了影视演员了，说不准哪一天也**能**做个大明星呢！（《中国北漂艺人生存实录》）

上面这些例句中"能"指主观的可能性。说话人按照自己的看法提出一些可能性。比如，例（66）中说话人按照自己的看法"我相信"来猜出"实现（目标）"这个可能性，例（67）中说话人觉得"不必细细琢磨"，也可能"体会得出这里凝聚着多少仇恨"，例（68）中说话人自己通过"回去的路上美滋滋地想"来提出"做个大明星"这个可能。

当说话人用"能"来表达可能的时候，语义特点表示未实现的可能性。比如：

（69）我仅仅净挣了五百美元，并且从眼前必然兴旺的发展趋势看，明年我应该**能**净赚两千美元。（翻译作品《飘》）

（70）今天我们打出了气势，如果前锋在处理临门一脚时更果断的话，我们应该**能**拿下这场比赛。（新华社 2004 年新闻稿）

例（69）中"能"指"未实现的可能性"。说话人在还没实现自己的愿望的情况下说出可能的结果"净赚两千美元"，因为这件事情是明年才能实现的。例（70）中"能"表示"未实现的可能性"，说话人说出这句话的时候事情已经发生了，但说话人通过"如果前锋在处理临门一脚时更果断的话"这预设来判断"拿下这场比赛"的结果，"能"指"未实现的可能性"。

当说话人用"能"来表达可能的时候，语义特点表示非常规的可能性。比如：

(71) 于是大家哄堂大笑，而他自己却非常惊讶，心里想："这确实是我画的，但我记得画得不错啊！真丢人，我**怎么能**把这个次品送人……"（《中国北漂艺人生存实录》）

(72) 自己搞不好生产，又**怎么能**领导别人？（贺中光《双目失明以后》）

(73) 眼泪，这个倔强的姑娘，尽管一忍再忍，又**怎么能**少流呢！（卢璐《磨难出英才》）

(74) 是啊，工作才刚开始就搞得这样紧张，那**怎么能**坚持下去呢？（鲁沙《地球即将异变》）

上面这些例(71)至例(74)的"能"表示"非常规的可能性"，说话人用疑问的语气来表达这种可能性，所以在"怎么能……呢？"句式中出现。"能"指说话人对"把这个次品送人""领导别人""少流（眼泪）""坚持下去"这些非常规现象命题提问，即表示不可能。前段句子都表示非常规可能性的前提"他自己却非常惊讶"，"自己搞不好生产"，"这个倔强的姑娘的眼泪"，"工作才刚开始就搞得这样紧张"。

(三) 二者的语义区别

可能类助动词"要"和"能"在使用上有很多不能互换的现象，"能"不能换成"要"，是由施事不能控制 VP 的原因造成的。"要"表示还未实现的可能时，不能替换成"能"。比如：

(75) 一般在毕业后**要**（？**能**）等上一年甚至更长的时间。（吴学谦《在法国和比利时的日子里》）

(76) 最近，三女儿大学毕业了，**要**（？**能**）分配到青岛去工作。（万关源《爸爸真笨》）

(77) 十一月初的某天是他爱人的生日，按照风俗，亲友**要**（***能**）来祝贺。（语料库在线）

(78) 在读者诸君听见这样的说法，会**要**（？**能**）以为这种话早就说过了，其实不然。

例（75）至例（78）的"要"部分能替换成可能类的"能"，用"要"的时候表示还未实现的可能意义，换成"能"就有些区别了。例（75）有一定的贬义色彩，说话人有觉得不应该等这么长时间的意思；例（76）有"可能分配到青岛"的意思，也有兼类的意义"分配到青岛"这个能力；例（77）亲友们来祝贺的事情，用"能"说不通；例（78）的"能"却多余了，只用"会"就说得通了。由上面分析可见，当施事不能控制 VP 的时候，"要"不能替换成"能"。例（75）、例（77）、例（78）改用"会"就可以表达可能的意义了。

下面把表示未实现的可能性的"能"替换成"要"字后，由于语境的原因"要"的意义变成"必要"的意义。比如：

(79) a. 我仅仅净挣了五百美元，并且从眼前必然兴旺的发展趋势看，明年我**应该能**净赚两千美元。（翻译作品《飘》）
　　　b. 我仅仅净挣了五百美元，并且从眼前必然兴旺的发展趋势看，明年我**应该要**净赚两千美元。（同上）

例（79）a"能"表示说话人现在仅挣了五百美元，不过从眼前必然兴旺的发展趋势看，明年说话人有可能赚到两千美元。例（79）b 中"要"表示必须的意思，还有强调说话人的意愿的意思，是因为说话人现在仅挣五百美元，并且从眼前必然兴旺的发展趋势看，说话人明年必须并希望要赚更多的钱。

通过客观角度来表达可能意义的"能"能不能替换成"要"，我们用更多的实例比较分析，再看它们之间有什么语义区别特征。比如：

(80) a. 现在住得远，以后你搬过来了，说不定次次都**能**看见。
　　　b. 现在住得远，以后你搬过来了，说不定次次都**要**看见。

(81) a. ……挨得如何近，没准天天都**能**碰见……（王朔《一半是火焰，一半是海水》）
　　 b. ……挨得如何近，没准天天都**要**碰见……

　　不难看出，例（80）和例（81）的"能"都可以替换成"要"，替换以后"要"还是表达客观条件的可能意义。因为例（80）中的"以后你搬过来了"，例（81）中的"挨得如何近"这些客观条件使动作作出客观的结果。根据句中的这些客观条件，"要"推断出这种"客观的可能"意义："看见"［例（80）］、["碰见"例（81）]。

　　可能类"要"和"能"在否定意义上无法对比，由于"要"的多义性，"要"否定可能义时只能用"不会"或"不可能"，不能说"不要"。可能义"能"否定意义上可以用"不可能"来否定其命题。例如：

（82）现在他**不可能**来学校。
（83）父母**不可能**害自己的亲生骨肉。
（84）这件事是属于内部的，她**不可能**知道。

　　例（82）至例（84）中用"不可能"来表示否定的可能意义，句中当施事否定可能的命题时都表达"不可能"。例（82）表示现在这个时间施事不可能在学校。王伟[①]提出"'可能'指具备逻辑的使能条件。说明为了得出动作或状态的发生在多大程度上为真这样一个结论，需要施事（就是说话人）克服逻辑上存在着的障碍或阻力"。例（83）表示逻辑上父母不可能伤害自己的亲生骨肉，例（84）按照逻辑的使能来看，施事不可能知道内部情况。

　　总之，语义平面上可能类"要"和"能"区别比较大，二者能替换的情况很少。

---

① 王伟：《情态动词"能"在交际过程中的义项呈现》，《中国语文》2000年第3期。

第三节 "要"和"能"的语用特点

语义跟语用表达都有着密切的关系,可能类助动词"要"和"能"在表达上各有特点,以下详细讨论它们各自的语用特点。

一 "要"的语用特点

交际过程中说话人用"要"来表达可能的肯定时,使用方面离不开语境。当说话人用"要"来表达可能的时候离实际情况比较接近,会发生的可能性比较高,因此用"要"来表达可能的时候语气上表示更肯定。"要"在交际过程中谈命题接近现实的可能性,"要"在这种情况下的语用特点更为突出。比如:

(1) 甲:妈妈,下午咱们去公园玩儿,好吗?
    乙:好啊,看天气也**要**转晴了。
(2) 甲:你知道他在哪里吗?
    乙:我看他在汽车站在排队**要**买汽车票。
(3) 甲:食堂差不多都关了,寒假怎么过啊?
    乙:一两个**要**开的吧,不然留校的怎么办。

例(1)至例(3)对话中,对于"甲"的提问"乙"的回答都用上了"要",例(1)"乙"回答"甲"的提问,表示对"去公园玩儿"的肯定,回答中表明了"天气情况",天气可能由阴天转成晴天,所以"要"指天气的实际情况可能好转,表示对下午去公园的可能性更肯定。例(2)中"甲"问"他在哪里"时,"乙"用"要"来回答"他可能在汽车站排队买票"的情况。例(3)"乙"用"要"很肯定地回答"甲"的疑问"一两个食堂肯定会开的",后面语气助词"吧"表示估计语气,后半句表示原因"留校的人怎么办"来再肯定"要"所表达的可能性。这些对话中,说话人和听话人的对话都离不开语境。

在陈述句中"要"的语用情况怎么样呢,我们来看看。例句:

(4) 毕业后她**要**先结婚,再找工作。

(5) 最近新闻里经常播放很多餐厅里大量食品被浪费的情景,因为媒体的宣传吃不完打包回家的客人也有了,这样一来以后人人都会**要**珍惜食品的。

可见,可能类"要"在陈述句中也表示可能意义。例(4)陈述将要进行的可能性"先结婚,再找工作"。例(5)中"要"表达已经进入人人都会珍惜食品的状态,已经开始实现且将来也有继续实施的可能性,表达很肯定的语气。

可能类"要"不能用"不要"来表达否定义,否定句完全借助于"不会""不可能"等可能意义的词语。疑问表达上的"要"在一定的语境中可以单独表达可能意义,有时候也靠一些可能意义的词语才能明显地表达出可能意义。例如:

(6) 甲:最近世界各地地震频发,我们这里也**要**发生**吗**?
乙:胡说!**不可能**。呸!呸!呸!不要来。

(7) 甲:硕士毕业后想**要**继续读博的人肯定多**吧**?
乙:**不会**的,你以为考博容易啊。

(8) 你**不会要**把他留在这里**吧**?(翻译作品《龙枪传奇02》)

(9) 大人,我们今天晚上**该不会要**在这边过夜**吧**?(翻译作品《魔戒-1》)

上面这些例句中"要"表达可能义疑问。例(6)"甲"问"我们这里也要发生吗?"指"地震"会不会在这里发生,因此"要……吗?"这个格式指猜测某种情况发生的可能疑问。"乙"听到"甲"的话后对这个不可能或不希望发生的事马上否定,说"不可能",表示对客观事情的主观否定。例(7)"甲"用"要……吧?"格式提问主观性疑问"硕士毕业后继续读博士的人数多"这个命题,提问的人也对这个命题不确定,所以在句尾用不确定的语气词"吧"来搭配。"乙"回答"不会的",因为考博这个命题在客观上都很不容易。我们来比较这两种"否定",当说话人对不希望发生的事情否定时用"不可能",当说话人对一般情况的否定时用"不会"来表达可能否定。由于"要"的多义性的原因,"要"在可能意义上只能用"不会"或"不可能"来表达否定。例(8)和例(9)中"要"的前面加"不会""该不会",句尾加"吧",表示反问句。因为"要"前面加上可能意义的词语,并加上句尾的"吧",所以表达上更明显是可能的反问意义。值得注意的是用"要"提问可能意义时大多数命题表达主观性的内容,提出说话人的主观想法,即新信息。

可见,"要"在语用上能表达陈述句、肯定句、疑问句和反问句。用"要"来表达可能意义的时候语气表达肯定,把例(8)和例(9)中去掉"要"以后有什么变化呢,比如:

(8′) 你**不会**把他留在这里**吧**?(翻译作品《龙枪传奇02》)

(9′) 大人,我们今天晚上**该不会**在这边过夜**吧**?(翻译作品《魔戒-1》)

上面例句中虽然没有"要",但是语义不变,表达强调的口气,"不会……吧""该不会……吧?"指一般的反问可能意义。

二 "能"的语用特点

可能类助动词"能"在肯定表达上有这样的特点:当说话人用"能"来表达可能义时,前后话语或语境中往往出现某种客观的条件或者客观前提,而且说话人用主观来判断命题,陈述命题,表达委婉的口气。比如:

(10) 放假了,他有时间就**能**到上海找你玩儿。
(11) 春运期间别出来,**会能**遇到很多麻烦的。
(12) 看多了美国电影,**也许能**学到很多科学知识。
(13) 我看她的事情**应该能**在这里解决,不必急着回国。
(14) 他整个上午一直都等着你的电话,你**应该能**找到他的。

例(10)中说话人先提出"放假了"这个客观前提,接着说可能发生的命题"他来上海找你玩儿"。例(11)中说话人先提出客观条件"春运期间别出来",春运期间去远方不方便,再判断出"遇到很多麻烦",

有可能旅途不顺利的主观结论。例（12）说话人提出客观前提"看多了美国电影"，之后判断出主观的可能"学到很多科学知识"。例（13）中说话人认为她的事在这里有可以解决的可能性。例（14）说话人陈述"因为他一直等你的电话，所以你可能能找到他"。上面这些例句中说话人用委婉的口气来陈述这些命题。我们发现可能类"能"表示肯定时前面不能修饰"一定""肯定""确实""非常""很"等确定意义的副词和程度副词，因为"能"表示的是可能性，猜测的主观推断，确切的情况的语境中可能类"能"不能出现。

下面我们来看看当说话人用"能"否定可能义时的语用行为。比如：

（15）已经12点了，阿姨好像**不能**来了。
（16）她经常熬夜，**不能**继续工作了。
（17）车上这么多人，他**不能**挤上去了。
（18）她应该**不能**吃泡菜，我知道她不喜欢这种味道。
（19）听说她喉咙受伤了，这次联欢会也许**不能**上台唱歌了。

例（15）至例（19）中说话人根据客观条件否定命题。表达否定命题时，说话人往往说出否定的原因。例（15）表达了因为已经12点了，所以阿姨不可能来的命题。预设一般的日子里阿姨是上午就来了，因此，这句话中由于时间限制的客观条件，说话人提出阿姨不来了的可能。例（16）说话人陈述因为她生活方式不正常的客观条件，所以主观判断一出毛病就能治疗的可能性低。例（17）因为"这么多人"的客观条件不允许，所以说话人提出"他好像不能上车了"的可能，就是能上车的可能性低。例（18）陈述因为说话人知道她不喜欢泡菜的味道，所以提出"她不吃泡菜"的可能性。例（19）中因为"她喉咙受伤了"的原因，说话人判断"这次联欢会不可能上台唱歌"。上面分析可见，否定形式"能"在语用表达中靠客观语境和说话人的主观性来判断出可能的否定，根据语境制约可能性否定程度的高低有点差别，比如：例（16）、例（17）、例（19）中的客观前提比较肯定，因此判断出程度比较高的可能性否定，这些例句的否定可能性比例（15）和例（18）的否定可能性更高。

可能类"能"在疑问表达中也有这些语用特点，比如：

(20) 甲：这两天天气不大好，我们还**能**去海边**吗**？
乙：能去的，风还不太大。

(21) 甲：《盗梦空间》挺有意思的，不过像电影里那样真的**能**进入别人的梦里**吗**？
乙：不能吧。

(22) 甲：你说她房间里这么多书，回国时**能不能**带回去？
乙：也许不能，全带好贵吧。

(23) 甲：理论太多了，短时间内**怎么能**弄清楚**呢**？
乙：应该能，不过要有技巧。

(24) 甲：你相信他**能**杀自己的妻子**吗**？
乙：不可能，他们夫妻俩那么相爱。

例（20）至例（24）中"甲"都表达对可能性的疑问语气，例(20)中因为客观条件"天气情况不好"，"甲"疑问还有没有"去海边"的可能性。"乙"回答"因为风力不大，可能没问题，能去"。例（21）"甲"提出看过的电影里的内容，疑问对这个内容的可能性，因此用"能……吗？"来提问。"乙"觉得不可能，所以句尾出现"吧"字。例(22)"甲"向"乙"询问第三人的事情，房间里有这么多书，带回去的可能性大不大。"乙"认为不可能全部带去。例（23）是反问一个命题，"甲"通过反问说客观条件"理论那么多，短时间内可能弄不清楚"，"乙"回答"应该能，不过要有技巧"，表示可能。例（24）"甲"提问"他杀自己的妻子"的现象是否可能，"乙"很肯定地回答"不可能"，后面接着提出不可能的原因"因为他们夫妻那么相爱"，这件事绝对不可能。

可见，说话人用"能……吗？"提问"可能"时表达说话人不太把这件事当成很重要的事，只是询问有没有这样的可能性。如用"能不能……？"正反问形式的时候，表达有第二个人希望支持说话人的意义。如用"怎么能……呢？"反问句的时候，表达说话人不太愿意这个命题成立的意义。回答时说话人用"不可能"来表示对这个命题很高的否定可能，一般性的否定回答用"不""不能"，不太确定的回答时在句尾加"吧"或者"能"前面加"应该""也许""好像"等不确定的词语。

三 二者的语用区别

下面这些例句中"要"和"能"都表达可能意义，但是为什么有些不能相互替换，有些就可以替换呢？是什么原因造成的，使用中又有什么区别呢？先讨论"要"替换成"能"后的结果。例如：

(25) a. 他明天**要**到上海。
b. 他明天**能**到上海。

例（25）"要"和"能"可以互相替换，都表示可能意义。不过也有些区别：例（25）a 中"要"客观表达"他"明天可能到达上海的一种可能性，例（25）b 中"能"也表达说话人的主观判断"他明天有可能到上海"的意思。我们认为例（25）a 和例（25）b 中如果有前提预设的话更能肯定是可能义，比如"他是坐特快火车的，他明天要到上海"。或者"他是今天下午 5 点出发的，他明天能到上海"。这样"要"和"能"都可以表达客观的可能性。再如：

(26) a. 总之，现在，我不能相信它的真切，即使是真切，也是仍会**要**逝去的。（梁雯《春》）
b. *总之，现在，我不能相信它的真切，即使是真切，也是仍会**能**逝去的。（同上）

例（26）a 和例（26）b 中"要"和"能"不能互换，因为例（26）a 表示必然的可能性"即使是真切，也是仍会要逝去的"。例（26）b 说不通，"能"跟消极意义的"逝去"不能搭配，使用搭配不当。

(27) a. 这念头像婴儿似的，总是在我的心里生长着。如果我有了儿孙，这也许会**要**遗传给我的儿孙，要想拔除也是没有用！（萧军《我研究着》）

b. 这念头像婴儿似的，总是在我的心里生长着。如果我有了儿孙，这也许会**能**遗传给我的儿孙，要想拔除也是没有用！（同上）

例（27）a 和例（27）b 有区别现象，例（27）a 说话人用"要"来表达时包含可能意义和意愿意义，说话人这个念头已经扎在他的心里很久，不过说话人又没有儿孙，因此，这个命题是不能实现的一种愿望。如果有儿孙的话，肯定会遗传给他的儿孙，这是可能性比较大的还没实现的事项。例（27）b 中说话人用"能"来表达对客观条件的主观推测，倾向于表达有这种能力。

(28) a. 这里的天气整天阴阴的，**要**好转**吗**？
　　　b. 这里的天气整天阴阴的，**能**好转**吗**？

例（28）a 和例（28）b 都表示可能，不过有这样的区别：说话人用"要"表达时可能和愿望并列着，天气情况是客观条件，不能改变，但是说话人希望天气好转，所以用"要"来表达的。说话人用"能"来表达时更接近对客观认识可能意义的一种疑问。

(29) a. 你们不会**要**伤害我爸爸吧？小女孩睁着大眼眨巴眨巴地询问坦尼。（翻译作品《龙枪传奇》02）
　　　b. *你们不会**能**伤害我爸爸吧？小女孩睁着大眼眨巴眨巴地询问坦尼。（同上）

例（29）"要"和"能"替换后，"要"依然有可能疑问的表达，说话人认为这件事不可能。b 句却不能成立，因为对"伤害爸爸"这种消极的事情一般不会用"能……吧？"格式来提问。

(30) a. 布勃卡称，乌克兰运动员应该**能**获得 260 张奥运会入场券。（新华社 2004 年新闻稿）
　　　b. *布勃卡称，乌克兰运动员应该**要**获得 260 张奥运会入场券。

例（30）a 说话人表达乌克兰运动员因为有这个能力而可能获得奥运会入场券的一种主观推测，可以用"能"来表达。b 句不太通顺，"应该"和"要"在一起时倾向于需要的意思。b 句在客观条件下不能用"要"，因此也不能表达可能的意义。

总之，从三个平面角度分析可能类"要"和"能"的句法、语义和语用情况，发现在句法平面上"要"往往借助语境或者客观条件或者可能意义的一些词语，语义平面上才能更突出表达可能义；"能"在句子中能表达可能语气的条件更多，尤其在否定表达上"要"不能直接用"不要"来表达可能的意义。"要"表示可能义时句法上跟"能"有异有同，基本句法形式都是一样的，"要"和"能"后面接动词谓语或者动词短语，谓语动词都有不可控制的语义特征。可能类助动词"要"和"能"在使用上有很多不能互换的现象，"能"不能换成"要"，是因为施事不能控制 VP 的原因造成的。"要"表示还未实现的可能时，不能替换成"能"。"要"和"能"在语用表达可能意义时，区别在于命题的含义和客观条件的真实性。如果命题是积极意义的话，"要"能表达可能义，包含希望义；如果命题是消极意义的话，"要"只强调可能义和将要义；如果命题是中性或客观事实的话，"要"借助可能意义的词语才能表达可能意义；如果命题是积极意义并有真实客观条件的话，"能"完全表达可能义；如果命题是消极意义的话，不能用"能"来表达可能义。

第五章

从语气角度比较可能类"要"和"能"

第一节 语气研究概述

"语气"指说话的口气；表示陈述、疑问、祈使、感叹等语法范畴。[①]汉语的语气表达方式主要有语调、语气助词、语气副词、叹词、助动词、句法格式、同义选择等。一直以来，研究语气的语法文献以及谈论各类语气词的著作、文章和论文非常多，关于语气词的分类，王力、吕叔湘、朱德熙、胡裕树、张斌、高名凯、贺阳、齐沪扬、张谊生、孙汝建、徐晶凝等学者们都研究过，不过提到助动词的语气功能的文章却比较少：有利奇和斯瓦特威克著的《交际英语语法》（张婉琼、葛安燕译）、贺阳《试论汉语书面语的语气系统》、袁毓林《现代汉语祈使句研究》、齐沪扬《语气词与语气系统》、朱敏《现代汉语人称与语气选择性研究》[②]、孙汝建《语气词口气意义的分析方法》[③] 等。

利奇和斯瓦特威克在《交际英语语法》[④] 一书中提到助动词在表达语气时的几种作用：（1）区别真假，除了使用一清二楚的语言之外，还可以从可能性的程度上去考虑。可能性有几个等级：可能性、或然性、不可

[①] 中国社会科学院语言研究所词典编辑室：《现代汉语词典》（第5版），商务印书馆2006年版，第1665页。

[②] 朱敏：《现代汉语人称与语气选择性研究》，博士学位论文，上海师范大学，2005年，第131—139页。

[③] 孙汝建：《语气词口气意义的分析方法》，《南通大学学报》（社会科学版）2006年第5期。

[④] ［英］杰佛里·利奇、简·斯瓦特威克：《交际英语语法》，张婉琼、葛安燕等译，北京出版社1987年版，第206、231—239页。

能性，主要的表达手段是助动词。（2）意愿可以分成四类，按"强烈程度"由弱而强顺次排列为：愿意、愿望、打算、坚持。表达手段主要依靠助动词，一部分依靠动词不定式。（3）允许和义务。允许在英语中主要用助动词"can，may"表示，义务与强迫则用助动词"must"表示。禁止则是用否定词与上述表示允许及义务的助动词连用。

贺阳在论文中将汉语书面语的语气分为三类，即功能语气、评判语气和情感语气，认为助动词可以作为计算机识别语气类型的形式标志。例如模态语气、履义语气、能愿语气中的形式标志主要就是助动词。① 袁毓林在《现代汉语祈使句研究》一书中，多次论述了助动词在祈使句表达中的作用，例如肯定式祈使句中的一类是由助动词"应该""必须""要"等和动宾组合"给我"等作强调标记的。②

齐沪扬对助动词的语气功能论述比较多，认为汉语中的助动词是表达语气范畴的一个重要的语法手段，在功能语气和意志语气这两种语气类别中所起的作用可以归结为标记性功能、选择性功能和叠加性功能三个方面。在功能语气系统中，从助动词的标记性功能出发，大致有如下的区分：功能语气可分为感叹语气（有标记项）和非感叹语气（无标记项），非感叹语气再分出祈使语气（有标记项）和非祈使语气（无标记项），非祈使语气再分出疑问语气（有标记项）和陈述语气（无标记项）。齐文对《王朔文集》中助动词出现的句子进行的统计表明，感叹语气的句子中一般不用助动词，助动词最多在陈述语气的句子中出现，其次是疑问语气的句子和祈使语气的句子。齐文最后提出在意志语气系统中，根据助动词在语气的表示中所起作用的大小，大致上可以描述出一个符合典型理论的连续统来：能愿语气的助动词表现为强标记，如能、能够、会、愿、愿意、想；允许语气和可能语气的助动词表现为弱标记，如可以、许、准许、应该、要；料悟语气的助动词表现为无标记项，如可能。③

从传统的角度对助动词的语义和句法分析结果看，语气系统中的助动词可以分为表示可能的和表示意愿的两大类，大致如下：

---

① 贺阳：《试论汉语书面语的语气系统》，《中国人民大学学报》1992年第5期。
② 袁毓林：《现代汉语祈使句研究》，北京大学出版社1993年版，第17页。
③ 齐沪扬：《语气词与语气系统》，安徽教育出版社2002年版，第235—242页。

表示可能的：可能、会、可、可以、能、能够。
表示意愿的：愿意、愿、情愿、想、要、想要、要想、肯、敢（表示愿望）；
得、应、应该、应当、该（表示必要）；
准、许、准许（表示许可）。①

前贤们对语气的研究成果颇丰富，但我们发现从语气角度研究可能类助动词"要"和"能"的语气功能的文章还没有。本书借鉴标记理论来考察可能类助动词"要"和"能"的语气功能，从功能语气和意志语气的角度分析二者的语气功能特征，并分析二者与人称代词的关系，区分二者的否定语气特征。

第二节 "要"和"能"的语气功能分析

一 "要"的语气功能分析

传统的标记理论是一种"二分模式"：一个范畴只有两个成员的对立，一个是有标记项，一个是无标记项。新的标记理论则是一种"相对模式"，即认为许多语法范畴的成员不止两项，应该是多分模式，有标记和无标记只是一个程度问题。标记理论认为，有标记项和无标记项的判别标准通常是：前者聚合成员少，后者聚合成员多；前者出现的环境不多，后者能出现在多种环境下；前者的使用频率低，后者的使用频率高；前者的意义单一，后者的意义宽泛、复杂。②

上面各位前辈和时贤研究了助动词的语气功能，研究的角度不同，结果也各有成就。齐沪扬对《王朔文集》中有助动词出现的大量的句子进行分析，对主要的助动词在功能语气中的分布作了详细的定量分析，用标记理论提出助动词的标记性功能，根据分析结果提出助动词往往是表示意志语气的形式标志，助动词在功能语气类型中分布情况的考察，要从助动

---

① 齐沪扬：《语气词与语气系统》，安徽教育出版社 2002 年版，第 54 页。
② 同上书，第 237、239 页。

词"形式标志"这一点出发。

（1）从功能语气的角度考虑，感叹语气是有标记的，因为这种语气出现助动词的环境不多，意义也比较单一，往往没有附加的表示"可能、意愿"等意思，所占的比例也很低。与此相反，陈述、疑问、祈使语气则是无标记的。

（2）从非感叹语气的角度考虑，祈使语气是有标记的。在这种语气中助动词出现的环境也不多，所占比例也很低。与疑问语气、陈述语气对照，祈使语气又成为有标记项，后者成为无标记项了。

（3）从非祈使语气角度考虑，则疑问语气是有标记项，陈述语气是无标记项。陈述语气中助动词的使用比例最高，意义也宽泛、复杂，表示不同意志语气的助动词大都呈现在陈述句中。齐文根据统计分析得出，感叹语气的句子中一般不用助动词，助动词在祈使语气的句子中出现的概率要小于疑问语气和陈述语气的句子，陈述语气的句子中依靠助动词的最多。用典型理论说明，应该是：陈述语气＞疑问语气＞祈使语气＞感叹语气。[①]

（一）"要"在陈述句（肯定句）中的语气功能

下面我们来分析助动词"要"在陈述句（肯定句）中的语气功能，例如：

（1）中间不可免的也许**要**牵涉到外交和一般政治，然而那不过是指出请读者注意罢了。（章乃器《金融恐慌中金融制度的论变》）

（2）广东珠江流域正在闹洪水，它来势汹汹，似乎真**要**把那里的人民和土地吞没的样子。（马铁丁《偶感录》）

（3）而这一切，对他是那么陌生，几乎**要**从头学起，困难真多啊！（胡冰《为了那美好的瞬间》）

从功能语气的角度来看例（1）至例（3）中的"要"表示陈述语气，无标记项。在意志语气系统中这些例句的"要"表示说话人对说话内容的一种可能语气。这些例句中如果去除了助动词，语气作用还是一样

[①] 齐沪扬：《语气词与语气系统》，安徽教育出版社2002年版，第238—240页。

吗？意志语气系统中助动词必须要出现吗？我们把例句中的助动词"要"去除看看，例如：

（1′）中间不可免的也许牵涉到外交和一般政治，然而那不过是指出请读者注意罢了。（章乃器《金融恐慌中金融制度的论变》）

（2′）广东珠江流域正在闹洪水，它来势汹汹，似乎真把那里的人民和土地吞没的样子。（马铁丁《偶感录》）

（3′）而这一切，对他是那么陌生，几乎从头学起，困难真多啊！（胡冰《为了那美好的瞬间》）

发现例（1′）至例（3′）都还保留着可能语气，不过是句中的"也许""似乎""几乎"等副词所导致的语气。根据标记理论来分析这些句子时，例（1′）到例（3′）属于弱标记性句子，因为去除助动词"要"后还保留着可能语气。

再如：

（4）《红高粱》得奖，一下子就轰动全国，以后设计师得奖，也**要**大造舆论，提高他们的知名度。（邓中原、华培明《吴文英和中国服装设计》）

（5）当人发怒时再按这个钮，难怪**要**火上添油了。（钱欣葆《魔盒》）

（6）仪器仪表工业公司系统，今年国家计划任务只能满足生产任务的百分之六十，还有百分之四十是**要**通过市场调节来解决的。（李功豪《按照经济规律搞好社会主义市场》1980）

例（4）至例（6）中的"要"从功能语气的角度来看也是表示陈述语气，无标记项。在意志语气系统中，"要"还表示说话人对说话内容的一种可能语气。这些例句中如果去除了助动词"要"，语气作用有变化吗？意志语气系统中助动词必须要出现吗？我们看看下面的讨论，例如：

（4′）《红高粱》得奖，一下子就轰动全国，以后设计师得奖，

也大造舆论，提高他们的知名度。（邓中原、华培明《吴文英和中国服装设计》）

(5′) 当人发怒时再按这个钮，难怪火上添油了。（钱欣葆《魔盒》）

(6′) 仪器仪表工业公司系统，今年国家计划任务只能满足生产任务的百分之六十，还有百分之四十是通过市场调节来解决的。（李功豪《按照经济规律搞好社会主义市场》1980）

我们发现例（4′）至例（6′）都还通顺，但是可能语气就随之消失了，这些句子都变成表示确信的语气了。从标记理论来看例（4′）至例（6′）属于强标记性句子，因为助动词"要"被去掉后可能语气就消失了。再如：

(7) 又有人认为："在农村提倡身体好，就是叫青年做懒汉，影响农业生产，家庭**要**反对的。"（高鲁《农村青年也要"身体好"》）

(8) 一个戏磨上十年，是**要**把人磨死的。（汪曾祺《"样板戏"谈往》）

例（7）和例（8）从功能语气的角度来看表示陈述语气，无标记项。在意志语气系统中是一种可能语气。但是去除了助动词"要"后句子不通顺了，例如：

(7′) 又有人认为："在农村提倡身体好，就是叫青年做懒汉，影响农业生产，家庭反对的。"（高鲁《农村青年也要"身体好"》）

(8′) 一个戏磨上十年，是把人磨死的。（汪曾祺《"样板戏"谈往》）

上面的分析结果表明，在表示可能语气的句子中，助动词"要"的作用并不是很明显的，有些句子中助动词"要"必须出现，有些句子中没有助动词"要"也还可以表达可能语气，而有些没有助动词"要"句子就不通顺。

（二）"要"在否定句中的语气功能

可能语气的"要"没有否定语气的功能。因为表示否定时不说"不要"，只说"不会"或"不可能"。

（三）"要"在疑问句中的语气功能

对于"要"的可能疑问语气来说，需要借助"不会……吧？"此可能语气句式，才能成立。例如：

(9) a. 要孩子，**不会要**等到 30 **吧**？
　　　b. 要孩子，**不会**等到 30 **吧**？
(10) a. 他们**不会要**骗我的钱**吧**？
　　　b. 他们**不会**骗我的钱**吧**？
(11) a. 今天该**不会要**停电**吧**？
　　　b. 今天该**不会**停电**吧**？

上述例（9）至例（11）的 a 句的助动词"要"都表示可能语气，如果去除了助动词"要"，句中还有可能的语气，比如例（9）至例（11）的 b 句。就是说"要"在可能疑问句中的语气功能作用不大，有没有"要"都能表示可能语气。具体来分析语气功能："不会"表示可能的否定语气；"要"只表示强调语气；"吧"表示疑问语气。

可见，从功能语气的角度考虑，可能类助动词"要"是无标记项，能表达陈述语气，不能表达否定语气，疑问语气也需要借助其他句式或助动词才能表达出可能语气。从意志语气的角度来看"要"在陈述句中能表达可能语气，否定和疑问句中需要借助其他成分。根据在句子中的作用的不同，可能类"要"在陈述句中可以是弱标记性，也可以是强标记性。

二 "能"的语气功能分析

助动词往往是表示意志语气的形式标志，助动词在功能语气类型中要从"形式标志"这一点出发。从功能语气的角度考虑，陈述、疑问、祈使语气是无标记的。意志语气类别中助动词可以分强标性、弱标性和无标性。

(一)"能"在陈述句（肯定句）中的语气功能

我们看看下面助动词"能"在陈述句（肯定句）中的语气功能，例如：

(12) 我相信他会得到各方面的帮助，他的目标是一定**能**实现的。（胡冰《为了那美好的瞬间》）

(13) 不必细细琢磨，也**能**体会得出这里凝聚着多少深仇大恨！（顾子欣《我听见兴都库什山在怒吼》）

(14) 并且说明，王金发是不来打死我们的，他虽然绿林大学出身，而杀人却不很轻易。况且我拿的是校款，这一点他还**能**明白的，不过说说罢了。（鲁迅《朝花夕拾》）

(15) 他冲到她的身边，尽力排开拥挤的人群，让她**能**挤上汽车。（转引自闵星雅2007）

(16) 这本书写得比较通俗，你应该**能**懂。（《现代汉语八百词》）

(17) "歌，真正的歌，应该**能**丰富和提高人们的心灵。"一句古老而常青的话。（曾卓《文学长短录》）

从功能语气的角度来看，上面例（12）至例（17）都是陈述语气，即肯定语气，无标记项。从意志语气的角度看是可能语气，再细分的话，例（12）至例（14）是必然语气，例（15）至例（17）是或然语气，上面这些可能语气句子中如果没有助动词的话，句中还有可能意志吗？我们把助动词"能"去除后看看助动词的语气功能作用如何，例如：

(12′) 我相信他会得到各方面的帮助，他的目标是一定实现的。（胡冰《为了那美好的瞬间》）

(13′) 不必细细琢磨，也体会得出这里凝聚着多少深仇大恨！（顾子欣《我听见兴都库什山在怒吼》）

(14′) 并且说明，王金发是不来打死我们的，他虽然绿林大学出身，而杀人却不很轻易。况且我拿的是校款，这一点他还明白的，不过说说罢了。（鲁迅《朝花夕拾》）

(15′) 他冲到她的身边,尽力排开拥挤的人群,让她挤上汽车。(转引自闵星雅 2007)

(16′) 这本书写得比较通俗,你应该懂。(《现代汉语八百词》)

(17′) "歌,真正的歌,应该丰富和提高人们的心灵。"一句古老而常青的话。(曾卓《文学长短录》)

我们发现例(12′)到例(15′)去除助动词"能"以后句子还通顺,但是原有的可能语气消失了,都变成了必定语气。例(16′)去除助动词"能"后变成必要语气了,例(17′)就变成允许语气了。可见,上面例句中的助动词"能"都能表示可能语气,去除以后,句子表示的说话人的意志就不一样了。前面的例(12′)到例(15′)句中表示的说话人的意志完全不同了,不能表达可能语气了。例(16′)和例(17′)句中表示说话人的意志是不变的。因此上面例(12′)到例(15′)必须用"能"才能表达可能语气,属于强标记性的句子。例(16′)和例(17′)中"能"可有可无,因此这些句子属于弱标记性句子。

(二)"能"在否定句子中的语气功能

下面看看"能"在否定句子中的语气功能,例如:

(18) 她去的那个地方,我**不能**知道,世人也**不能**知道,或者她自己也**不能**知道。(冰心《"无限之生"的界线》)

(19) "我**不能**说他是有罪的,也**不能**说他是无辜的。"老单。(王朔《枉然不供》)

(20) 马锐站起来,对朋友们说:"你们走吧,我没事,他**不能**把我怎么样。走吧,都走。"(王朔《我是你爸爸》)

(21) 你这样写,她**不能**理解你的意思的,再写得清楚点吧。

(22) 由于参加世界杯预选赛,摩纳哥队的阿根廷国脚萨维奥拉和乌拉圭的切万顿都**没能**出战。(新华社 2004 年新闻稿)

(23) 在农村,繁重的体力劳动也**没能**拴住他那广阔的思维。(《1994 年报刊精选》)

(24) 可是,南京长江大桥净空高度不够,万吨轮**没能**通过。(《1994 年报刊精选》)

从功能语气的角度看，例（18）至例（24）中"能"表达的是否定语气，意志语气上还是表达可能语气。发现例（18）至例（21）中"不能"表示说话人对说话内容的一种主观态度，表达"不可能知道、不可能说、不可能怎么样、不可能理解"。例（23）和例（24）"没能"表示已知的客观条件下的否定语气。但是，上述例句中的助动词似乎缺乏一种"强迫性"，因为有的例句中助动词去掉后并不影响句子的合法性。例如：

（18'）她去的那个地方，我不知道，世人也不知道，或者她自己也不知道。（冰心《"无限之生"的界线》）

（19'）"我不说他是有罪的，也不说他是无辜的。"老单。（王朔《枉然不供》）

（20'）马锐站起来，对朋友们说："你们走吧，我没事，他不把我怎么样。走吧，都走。"（王朔《我是你爸爸》）

（21'）你这样写，她不理解你的意思的，再写得清楚点吧。

（22'）由于参加世界杯预选赛，摩纳哥队的阿根廷国脚萨维奥拉和乌拉圭的切万顿都没出战。（新华社 2004 年新闻稿）

（23'）在农村，繁重的体力劳动也没拴住他那广阔的思维。（《1994 年报刊精选》）

（24'）可是，南京长江大桥净空高度不够，万吨轮没通过。（《1994 年报刊精选》）

上面例（18'）至例（24'）中没有"能"句子也都能成立，说明在否定语气中助动词的功能并不是很重要，可有可无，这些句子是弱标记性句子。如果去掉助动词"能"以后，虽然句子还通顺，但原来的可能意志语气就消失了。因此从意志语气的角度来看，这些句子必须要用"能"，不然没有可能语气，所以在表示可能意志语气的情况下，这些句子应看作强标记性的句子。

（三）"能"在疑问句子中的语气功能

下面看看"能"在疑问句子中的语气功能，例如：

(25) 天这么晚了，他**能**来**吗**？（《现代汉语八百词》）
(26) 这件事他**能**不知道**吗**？（同上）
(27) 满天星星，哪**能**下雨？（《现代汉语八百词》）
(28) 他说：那个房子驻着一个机关，而我是一个人，**怎么能**以一个人牵动一个机关**呢**？（李庄《任弼时同志二三事》）

从功能语气的角度来说，例（25）至例（28）都表示疑问语气。例（25）表示疑问语气功能，例（26）表示反诘语气，表达这件事他可能知道的意思。例（27）表示疑问语气，表达否定意义，说话人认为不可能下雨的意思，表达反诘语气。例（28）用疑问语气来表达否定意义，说话人认为不可能以一个人牵动一个机关的，表达反诘语气。从意志语气的角度看，在这些句子中的"能"都能表达可能语气，如果把"能"去掉以后，句子中的说话人的意志语气功能还是一样吗？我们来看下面被去除"能"以后的句子，例如：

(25′) 天这么晚了，他来吗？（《现代汉语八百词》）
(26′) 这件事他不知道吗？（同上）
(27′) 满天星星，哪下雨？（同上）
(28′) 他说：那个房子驻着一个机关，而我是一个人，怎么以一个人牵动一个机关呢？（李庄《任弼时同志二三事》）

发现句子中没有了"能"意志上就不能表达可能语气了，只表达疑问语气和反诘语气。如果没有了"能"，句子还是通顺，但说话人在这些句子中的意志就不一样了。因此，表达疑问功能语气的句子中必须要用"能"，上面这些句子属于强标记性的句子。从功能语气的角度看"能"在疑问语气中属于有标记项。

分析可见，"能"表达可能语气的时候，不同句类中的作用不一样：在陈述语气（肯定语气）和否定语气句子中是无标记项；在疑问语气中是有标记项。在意志语气系统中，由于可能语气的助动词"能"在句子中不能删除，因此，可能类助动词是强标记性。

第三节 "要"和"能"对人称和否定的语气选择

齐沪扬谈到人称与功能语气问题时说:"以往的研究只是在祈使语气和疑问语气中。例如,祈使语气只能是第二人称,疑问语气只能是第二人称或第三人称,这是因为从言语行为理论角度看的,祈使句和疑问句都是命题指向听话人的,都是要求听话人作出回答的,只是祈使句要求听话人用行动回答,疑问句要求听话人用言语回答。探讨人称在意志语气中的作用时,在陈述句和感叹句中,第一、第二、第三人称都能出现,在疑问句中,第二人称一般不能出现,第一人称一般出现在回声问中,只有第三人称可以自由地运用。"① 作者认为汉语中人称与语气的关系是一个很值得探索的问题,将"人称"看作语气系统的结构成分。

朱敏考察了人称与意志语气之间的选择性。作者以个案研究的方式,说明人称与意志语气的选择主要表现在三个方面:(1)不同人称的主语对句中意志语气的类别具有选择性;(2)同一意志语气可以由不同的语气成分来表达,不同主语人称对意志语气成分的选择也有差异;(3)不少助动词能表示不同的意志语气,主语人称是决定多义性助动词意义选择的形式要素之一。② 总之,人称在意志语气种类、意志语气成分、多义性意志语气成分的义项选择等不同层次上都表现出一定的选择影响。

一 二者和人称代词的关系

日本学者仁田义雄认为所谓的"陈述",是说者对听者的实际有效的信息传递,第二人称者是接受陈述内容传递的听者本身,第一人称者是对话者之一的说者自己,第三人称者是对话二者以外的第三者。因此,根据陈述内容的限制和制约,"人称"在陈述句中排列是"第二人称者事项 > 第一人称者事项 > 第三人称者事项"。所谓"事项",即说话涉及的内容。

---

① 齐沪扬:《语气词与语气系统》,安徽教育出版社 2002 年版,第 43—44 页。
② 朱敏:《现代汉语人称与语气选择性研究》,博士学位论文,上海师范大学,2005 年,第 141—142 页。

仁田义雄这种观察问题的角度和方法，在某种程度上是值得学习和仿效的。①

本书要考察可能语气的助动词"要"和"能"跟人称代词的关系，考察人称代词我们需要从陈述句、否定句、疑问句等各个角度进行才能揭示出比较全面的关系：第一人称、第二人称和第三人称代词跟助动词"要"和"能"的关系。

（一）"要"跟人称代词的关系

1. 下面考察陈述句中的"要"和人称代词的关系，例如：

（1）a. **我**要去出差。
b. **你**要去出差。
c. **他/她**要去出差。

发现例（1）单独的"要"字跟三种人称代词都可以搭配，只不过是在这些句子中不表达可能语气。a 句"要"跟第一人称代词"我"在一起时往往表示意愿或者将要的口气；b 句"要"跟第二人称代词"你"可以理解为疑问语气或者祈使语气（命令语气）；c 句"要"跟第三人称代词"他/她"在一起时句子成立，陈述出差这件事，这些句子意志上不突出可能语气。下面再看可能语气"要"字跟人称代词的关系，例如：

（2）a. **我**可能要出差。
b. **你**可能要出差。
c. **他/她**可能要出差。

例（2）中 a、b 和 c 句都在陈述语气中可以成立，说明在可能语气中"要"（前面加了"可能"之后）可以跟第一人称、第二人称和第三人称代词搭配。下面我们从语料库的一些语料中来证明这个语言事实。例如：

---

① 齐沪扬：《语气词与语气系统》，安徽教育出版社 2002 年版，第 41—42 页。

(3) **我**可能**要**回到宫里去，因为我注定了要在世界上做一番成就的。(翻译作品《王尔德童话》)

(4) 当我告诉我在绘画讲习班的老师，秋天**我**可能**要**去上艺术学校时，他只说了一句话："不管怎么样，下一个五年都要过去的。"(《读者（合订本）》)

(5) "大约十五点。**你**可能**要**等。我从另外一条路到那里。你都记清了？"(翻译作品《1984》)

(6) 但他看见亚萍两道弯弯的细眉下，一双眼眼泪汪汪的，心便软了，说："我这人脾气不好……以后在一块生活，**你**可能**要**受不了。"(路遥《人生》)

(7) 万一他失败了，**他**可能**要**损失很多钱。(《读者（合订本）》)

(8) 马玉鸣和陶东来听课时，打电话到公司告诉她，**他**可能**要**到他们团的一个岛上去当副连长。(苗长水《等待》)

上面这些例句是从CCL语料库搜索到的可能语气的"要"跟第一人称"我（我们）"、第二人称"你（你们）"和第三人称"他/她（他们/她们）"在一起的句子，发现可能语气"可能要"字句共有1007条，其中有137条的主语是第一人称"我（我们）"，第二人称主语"你"开头的有50条，第三人称主语"他"开头的有110条。因为助动词"要"前面加"可能"，使助动词"要"的可能义更加明显。因此，本节选用可能语气"可能要"的句子来证明可能语气"要"能搭配的人称代词的比率。表述陈述句中的可能语气时，第一、第二、第三人称都能出现，如果把可能语气再细分的话，表达必然语气时，多用第一人称，比如例（3）和例（4）；表达或然语气时，多用第二和第三人称，比如例（5）至例（8）。因为第一人称代词主语"我"陈述的往往是我自己能确定的事情，所以更接近必然语气，第二人称和第三人称主语指向是听话人，没有比第一人称"我"准确，因而更多表达或然语气。

2. 我们在语料中发现，表达可能语气的"要"在感叹句中可以跟第一、第二和第三人称代词搭配，表示有感情色彩的可能语气"要"，按比例来说使用第一人称的最多，例如：

(9) 董老喘息着说：这次**我**可能**要**离开你们了！但有一个人，我想见他一面！（《董必武临终的思念》）

(10) 现在既然我已经知道了，那我就非得按每天 100 元交才行，否则**我**就可能**要**丢饭碗的！（《市场报》1994A）

(11) 没有老师的点拨，**你**在求学的道路上可能**要**多走好多弯路！你应该想尽一切办法去寻求本领域最好的导师的指导，不管他看起来是多么高不可攀。（《完美大学必修课》）

(12) 如果一个人不付出苦的代价，**你**很可能**要**付出更大的代价！比如人胖一点是可爱的，再胖一点也是可喜的，再胖一点就可笑了，还往下胖就可悲了。（《庄则栋与佐佐木敦子（2）》）

(13) 但是在乃亭他们听来，则是可怕的威胁，若是他们不准时把苏苹想吃的东西带来，或是不合苏苹的口味，那么明天**他们**可能**要**带着一个黑眼圈上班，呃……也许不只一个黑眼圈！（于晴《红苹果之恋》）

(14) 他解决一些经济困难，谈论一些国情。他是来向黄镇透露国民党方面的情报的，他告诉黄镇："现在事情闹大了，**他们**可能**要**对你下毒手，你千万不要外出！"（尹家民《黄镇将军与郭子祺事件》）

3. 下面看看可能语气"要"在否定句中跟人称代词的搭配情况，例如：

(15) a. ***我**不要知道的。
　　　b. ***你**不要知道的。
　　　c. ***他**不要知道的。

例（15）中"不要"不能跟人称代词搭配，因为这些例句中的"不要"不能表达可能语气，所以例（15）a、b、c 句都不能成立。如果把"不要"替换成"不会"或"不可能"的话，都能跟第一、第二和第三人称搭配成句，也可以表达可能的语气，例如：

（16）a. **我**不会/不可能知道的。
　　　b. **你**不会/不可能知道的。
　　　c. **他**不会/不可能知道的。

可见，"要"不能跟否定副词"不"直接组成否定表达，即"要"的否定形式出现不对称现象，不能直接表达可能的否定语气，因此，借助"不会、不可能"来表达可能否定语气。

4. 下面我们继续考察疑问句中的"要"跟人称代词的搭配情况，我们从语言事实中去考察看看，CCL 语料库中查到第一人称"我们"和第二人称"你们"跟"要"搭配组合的疑问句，发现第一人称"我们"可以表示疑问语气，第二人称"你们"在"不会……吧/吗？"句中表达出反诘语气。语料中没查到第三人称代词"他/她"跟可能语气"要"在一起的句子，因此可以说第三人称代词"他/她"不能跟可能语气"要"搭配提问。例如：

（17）不是结束语的结束语——**我们**还会要继续唱"咏叹调"吗？（《1994 年报刊精选》）（疑问语气）

（18）"**你们**不会要伤害我爸爸吧？"小女孩睁着大眼眨巴眨巴地询问坦尼。（翻译作品《龙枪传奇》）（反诘语气）

（19）这位干警说："谁叫你们让他们收缴的，**你们**不会要回来吗？"（《1994 年报刊精选》）（反诘语气）

总之，按照语料库中查到的例句把可能语气"要"在陈述句中搭配人称代词比例的顺序排列为：第一人称＞第三人称＞第二人称。发现可能语气"要"跟第一人称代词搭配的最多，其次是第三人称代词，最后是第二人称代词。疑问语气句中"要"跟第一人称代词和第二人称代词搭配，第三人称则没出现。需要注意的是助动词"要"表达可能语气时需要借助其他可能意义的词才能更明确地表达可能语气。

（二）"能"跟人称代词的关系

1. 下面我们要考察陈述句中的"能"跟人称代词的搭配关系，例如：

（20） a. **我**能知道的。
　　　b. **你**能知道的。
　　　c. **他**能知道的。

例（20）"能"在陈述句中跟三种人称代词可以一起出现，都表示可能语气。

2. 否定句中第一、第二和第三人称代词都能跟可能语气"能"搭配。例如：

（21） a. **我**不能走的。
　　　b. **你**不能走的。
　　　c. **他**不能走的。

例（21）可能语气"能"跟第一、第二和第三人称代词都能搭配，都能表达可能语气。如果在一定的语境中，更能跟三种人称代词搭配组成可能的否定语气。比如：

（22） a. 请放心，**我**不能抛下你一个人走的。（必然语气）
　　　b. 天那么黑，**你**一个小孩子晚上不能单独外出的。（或然语气）
　　　c. 口袋里没有钱，**他**不能走的。（可能语气）

助动词"能"可以直接用"不能"来表达可能的否定语气，因此可能语气的"能"跟第一、第二和第三人称都可以搭配使用。在一定的语境中，还可以表达更详细的可能语气，比如：例（22）a 句中跟第一人称代词搭配表达出"必然语气"；b 句中跟第二人称代词搭配表达出"或然语气"；c 句中跟第三人称代词搭配表达"可能语气"。

3. 疑问句中的可能语气"能"跟人称代词搭配，例如：

（23） a. 明天你们聚会，**我能**来参加**吗**？（询问语气）

b. 小玉邀请你去她家做客，**你能**去吗？（意愿语气）
c. 下周小张举行婚礼，**他能**到场吗？（可能语气）

例（23）第一人称、第二人称和第三人称都可以跟"能"搭配使用。但因为人称代词的不同搭配导致语气上有所区别：a 句不能跟第一人称"我"自组搭配成可能语气，不过在一定的语境中可以是一种询问语气，比如，"我不认识他，我能来吗？"，说话人询问对方他不认识的人，自己可不可以去参加明天的活动，表达询问的语气；b 句直接问听话人"能来吗？"时，问对方"方便来吗？"或者"会来吗？"，倾向于意愿语气；c 句出现第三人称代词时主语不在场时表示询问"会来吗？"的意思，表达可能语气。分析可见，第三人称代词跟可能语气"能"直接表达出可能的疑问语气。

我们还在语料库中查出第一人称代词"我/我们"跟"怎么能"搭配组成疑问句的否定语气。例如：

（24）"太不像话了，**我怎么能**干出这种事，你当时为什么不阻止我？"（王朔《我是你爸爸》）

（25）"**我可怎么能**知道呢？……"（鲁迅《二心集》）

（26）"水分太大，要挤干，拧干，像拧手巾一样。这么广的面，**我们怎么能**有效地抓住重点？我和你都不是三头六臂。"（王朔《枉然不供》）

例（24）主语"我"用"怎么能"来表达"我不可能干出这种事"的意思；例（25）表达"我不可能知道"的意思；例（26）表达"我们不可能有效地抓住重点"的意思。可见，"能"在疑问句中跟第一人称代词和"怎么能"搭配后能表达出否定语气。

总之，分析可能类"要、能"和人称代词语气的关系，发现可能语气"要"跟第一人称代词搭配的最多，其次是第三人称代词，最后是第二人称代词。需要注意的是助动词"要"表达可能语气时需要借助其他可能意义的词才能更明确地表达可能语气；可能语气的"能"在肯定和否定句中都可以跟第一、第二和第三人称代词搭配使用。但是在一定语境的否定形式上,"能"跟第一人称代词搭配表达出"必然的否定语气",跟第二人称代词搭配表达出"或然的否定语气",跟第三人称代词搭配表达"可能的否定语气"。疑问句中,第一人称代词和"怎么能"搭配表达出否定语气。

二 二者的否定语气区分

语气能反映句子的表达用途,可以表示直陈、疑问、祈使、感叹等。研究语气有助于了解句子的表达用途和说话者的言语行为类型。① 韩礼德《功能语法导论》认为,语言是由各种功能的系统组成的,语言具有概念功能、人际功能、语篇功能三大元功能。② 语气属于人际功能,体现了人们语言表达社会和人际关系的功能,即表达了说话人在话轮中对语言角色的选择。③

本节专门讨论可能类"要"和"能"的否定语气区别。本章第二节第一大标题第二小标题所述,可能语气中的"要"否定表达时出现不对称现象,不能用"不要"来否定,只能替换为"不会"或者"不可能"才能表达出否定的可能语气。关于"能"的否定语气,据第二节第二大标题第二小标题所述,直接用"不能"来表达可能的否定语气。二者在人际关系功能中的表达会如何,请看下面例子:

(27) 朋友甲:你这样固执是要出问题的!
朋友乙:你放心,**不会(不可能)**出问题。
(28) 甲:天这么晚了,他能来吗?
乙:应该**不能**。
(29) 小女孩:你们不会要伤害我爸爸吧?
陌生人:当然**不会**。
(30) 上司:自己搞不好生产,又怎么能领导别人?
下属:对的,**不可能**。

---

① 范晓:《三个平面的语法观》,北京语言文化大学出版社1996年版,第25页。
② 胡壮麟等:《系统功能语法概论》,湖南教育出版社1989年版,第42—43页。
③ 同上书,第130页。

(31) 同学甲：我怎么能跟她们在一起呢？
同学乙：这**不可能**。

　　例（27）是朋友之间提醒的对话，朋友"甲"提出这样固执可能会出问题的，"乙"否定回答"不会出问题的"。"乙"对自己所做的很有信心，所以用肯定的语气来表达"不可能出问题"。例（28）"甲"和"乙"的对话中，听话人"乙"根据客观条件"天这么晚了"来回答说"应该不能"，表达可能语气类或然语气。例（29）是小女孩跟陌生人的对话，陌生人听到小女孩的否定语气的提问，回答中自然地表达出肯定的语气，用"当然不会"来表达没有这种可能，不会伤害你爸爸，话中有必然语气。例（30）是上下级关系之间的对话，"下属"先赞同"上司"提出的问题"自己搞不好生产，不可能去领导别人"，用否定的词语来表达出肯定的必然语气"不可能"。例（31）是同学之间的对话，"甲"说跟她们在一起是不可能的，"乙"同学用否定词语来表达或然语气。

　　可见，可能类"要"和"能"的否定语气一般情况下有这样的区别：用"要"提出一种可能性问题时，否定的时候带着肯定语气回答。提出"不会要……吧？"否定形式，答案是更肯定的语气，必然语气。用"能"来提出一种可能性问题时，听话人根据客观条件来回答，往往有或然语气。如用"怎么能+VP呢？"来提问时，答案经常是用否定词语表示或然语气。总之，由于人际关系的原因和客观条件的制约说出来的否定可能语气有所区别，分别表示必然语气或者或然语气。

第 六 章

汉语助动词"要"与缅甸语对应的助动词对比研究

第一节　缅甸语助动词概述

《缅甸语语法》[①]一书中将缅甸语助动词定义为"对动词的意义起强调和补充作用的词"。比如"ချင်、တတ်、နိုင်、ဖူး、ဝံ့、ခဲ၊ ခဲ့、မိ、သင့်、ရာ၊ လွန်း、လု၊ ရက်、သေး、ဦး、အပ်၊ ရ၊ ထိုက်、နေ、ပြန်、တော့、နှင့်、သွား、ရစ်、ထား、ပျော်、ပစ်、ပါ"等词。

U Pe Maung Tin[②]认为助动词是补助主要动词的词，在动词后面加上这些词后让动词的意义扩大或者变化，因此把这些词叫作助动词，缅甸语称"ကြိယာထောက်"。这些词大部分是单独构造的动词。作者提出了45个助动词，比如：အပ်、အား、ဦး、ကောင်း、စကောင်း、ခဲ၊ ခဲ့、ချင်、ချေ၊ စမ်း、စေ、တတ်、တော့、တု၊ ထိုက်、နေ、နိုင်、နှင့်、ပါ၊ ပေ၊ ပိုင်、ပြန်、ဖြစ်、ဘိ、ဘူး、မိ、မြဲ၊ ရ၊ ရက်、ရစ်、ရာ၊ ရာ၊ လင့်、လတ်、လေ、လို၊ လိုက်、လောက်、လောက်ရံ၊ လွယ်、လု၊ ဝံ့、သင့်、သာ၊ သေး။

Thant Sin Aye[③]在硕士学位论文中提到缅甸语动词和助动词的区别，实际上缅甸语中不能把动词和助动词分得一清二楚，两个动词并列出现

[①]　缅甸语委员会编:《缅甸语语法》，仰光大学出版社2005年版，第252页。
[②]　Pe Maung Tin, U.:《缅甸语句法结构》，仰光文学宫出版社1961年版，第101—118页。
[③]　Thant Sin Aye:《缅甸语动词与助动词——语言学研究》，硕士学位论文，仰光大学，1997年，第108页。

时，除了动词重叠以外，在主要动词后面出现的动词才是助动词。值得注意的是缅甸语中每个助动词可以是动词，但并不是所有的动词都可以成为助动词，能当助动词的有如下这些词：ဦး、လွယ်、လောက်、လိုက်、ရဲ、လို、ရ、မြဲ、မိ、ဖြစ်、ပြန်、ပိုင်、နိုင်、ထိုက်、တတ်၊ စေ、စမ်း、ခဲ၊ ရာ、ကောင်း、လှည့်、သင့်、သာ。

一　缅甸语助动词研究现状

（一）缅甸学者的研究

缅甸学者们对缅甸语助动词的深入研究并不多，我们查到的有 U Pe Maung Tin、[①] U Tin Moe、[②] Maung Ko Lay、[③] Thant Sin Aye、[④][⑤] Maung Thar Noe、[⑥] Dr. Shwe Pyi Soe[⑦] 等。大部分是研究动词时提到助动词部分，没有专门研究助动词的论著。前辈和时贤们主要研究助动词的数量问题，大家对助动词的定义并不相同，但是比较一致的一个条件是作为助动词的词一定位于动词后面紧接着动词。部分学者也研究助动词的分类、助动词的意义和用法。

（二）中国学者的研究

对缅甸语助动词研究的中国学者有姜永仁、许清章、汪大年、曲永恩、钟智翔等。下面是中国学者对缅甸语的研究现状。

许清章[⑧]在《缅甸语语法》一书中对缅甸语助动词进行了概述，提出了各种助动词的用法。作者认为缅甸语助动词是修饰动词的一种助词，作者提出助动词的三种主要功能：

[①]　Pe Maung Tin，U.：《缅甸语句法结构》，仰光文学宫出版社 1961 年版，第 101—118 页。
[②]　Tin Moe，U.：《缅甸语语法》，载《母亲的学校丛刊》，Thiha Min 书局 1982 年第 1 期。
[③]　Ko Lay，Maung：《缅甸语语法——语言学研究》，博士学位论文，仰光大学缅文系，2003 年，第 102—110 页。
[④]　Thant Sin Aye：《缅甸语动词与助动词——语言学研究》，硕士学位论文，仰光大学，1997 年，第 103—108 页。
[⑤]　Thant Sin Aye：《缅甸语动词的结构及意义》，博士学位论文，仰光大学缅文系，2008 年，第 102—123 页。
[⑥]　Thar Noe，Maung：《缅甸话及缅甸文学》，仰光 Kyauk Syauk 书局 2009 年版。
[⑦]　Shwe Pyi Soe，Dr.：《缅甸语》，Thin 书局 2010 年版，第 272—273 页。
[⑧]　许清章编：《缅甸语语法》，外语教学与研究出版社 1994 年版，第 129 页。

（1）起修饰或强调动词的作用，增添感情色彩；

（2）扩大动词的自身含义，进一步说明动作的某种职能；

（3）放置动词后，使语言更加顺达、流畅。

缅甸语助动词多数来源于实义动词，可独立存在，当动词使用。如："ေစ、တတ်、ထိုက်、အပ်"等。有的是纯粹的助动词，必须和动词连用才能发挥作用。如："ဘိ、ခဲ့"等。

缅甸语中助动词和其他助词一样，在缅甸语语法中占有重要位置，使用得当与否，往往会使词义发生明显变化。此外，同一个助动词，在不同的句子或动词中有不同的功能，不可同等对待。

许多助动词由于本身是实义动词，当它和另一个动词连用时，虽然已失去原来动词的功能，但作为助动词使用时，则起到相当于副词的作用。如："ခဲ့、ေစ、တတ်、ထိုက်、အပ်、တန်"等。

书中作者共列举了 53 个常用缅甸语助动词，分别叙述这些助动词的特征及其应用。有的既是实义动词，又是助动词，实际应用时词义相同，比如："ဝံ့、အား、ချင်、စမ်း、နိုင်"。但是有的助动词，当它们充当动词使用时，词义略有变化，如："ခဲ၊ နေ、ရာ、မြဲ"。部分助动词，略具有实义动词的职能，但不明显，如："လင့်、လတ်"等。有的既能充当助动词，本身又具有语气助词的功能，如："ရာ、ချေ、လေ、တော့"等。

汪大年在《缅甸语概论》[①] 一书中将缅甸语的助动词概括为"它是帮助动词说明动作的性能和状态的词，经常放在主要动词之后"。作者比较全面地分析了缅甸语助动词的特点和语法功能，即分为以下五个部分来解释。

（1）缅甸语中的助动词绝大部分都是从动词与形容词变化而来。例如："ချင်、လို、ရက်"。

（2）助动词必须紧跟着动词，不能分开。如果在动词与助动词之间插入另一个词，则助动词往往失去其作用而恢复为动词的性质。例如："သင့်"。

---

① 汪大年编著：《缅甸语概论》，北京大学出版社 1997 年版，第 194—211 页。

(3) 助动词与动词结合作句子谓语时，助动词只是动词的附加成分，起辅助作用。

(4) 助动词一般情况下不能重叠。

(5) 助动词不能单独回答问题。

作者根据词的含义将缅甸语的助动词分为五类：

(1) 表示可能，例如：တတ်、နိုင်、အား、ပိုင်、လွယ်、ခဲ၊ ဖြစ်等；

(2) 表示意愿，例如：ရဲ、ဝံ့、ပျော်、ချင်、လို၊ ရက်、ကြည့်、စမ်း等；

(3) 表示必须、需要，例如：သင့်、ရာ、အပ်、ထိုက်、တန်၊ ကောင်း、သာ等；

(4) 表示估计、程度，例如：လောက်、လွန်、ကုန်、လု等；

(5) 其他，例如：ပစ်、နိုင်း、ပေး、ပြီ、မိ၊ သွား、လာ等。

曲永恩在《实用缅甸语语法》① 一书中将缅甸语的助动词定义为"位于动词后面，对动词的意义起强调和补充作用的词"。例如：

ကျွန်တော် ကျောင်းတက်သည်။（我上学。）
ကျွန်တော် ကျောင်းတက်ချင်သည်။（我想上学。）

上面两个句子都是表述"我上学"这件事，但在第二个分句中"တက်（上）"的后面加了助动词"ချင်（想）"，表示我还没上学，只是有这种想法。作者通过上面的例句显示出助动词的重要作用，发现由于使用了助动词，才使句子表达的意思更完整。

作者还根据缅甸语助动词的来源和意义给助动词分为两类：单纯助动词和转化助动词，转化助动词是从动词和形容词转化而来的。作者提出转化助动词的特点是：它本身是动词或形容词，可以单独在句子中运用，当作助动词用时，有的保留了原来的意义，有的是用其引申义。例如：

---

① 曲永恩：《实用缅甸语语法》，辽宁民族出版社2000年版，第246页。

第六章　汉语助动词"要"与缅甸语对应的助动词对比研究 / 149

ကျေးဇူးတင်ကြောင်း ကျွန်တော် ဖော်ပြလိုပါသည်။（我表示感谢。）
မောင်ချိုသည် ပြောရဲသည်။（貌秋敢说。）
မင်းတို့ မြို့ထဲ သွားရမည်။（你们必须进城去。）

上面例句中的"လို、ရဲ့、ရ"等都是充当助动词用的，都是由动词、形容词变来的。"လို、ရဲ့"在充当助动词时仍保留了原来动词的意义。而"ရ"在充当助动词时，在原意的基础上有所发展，"ရ"原意是"得到"，充当助动词时引申为"必须""只得"的意思。

单纯的助动词的特点是它本身没有实际意义，不能单独在句中使用，只能附着在动词后面，起语法作用。例如：

ဦးချမ်းသာသည် တရုတ်ပြည်ကို ရောက်ဖူးသည်။（吴倡达曾到过中国。）
မလှဝေသည် မေမြို့သို့ သွားချင်သည်။（玛拉威想去眉苗。）

上面句子中的"ဖူး、ချင်"不能在句子里单独使用，只能附着在动词后面使用。"ဖူး"表示动作曾经发生过，"ချင်"表示想做什么的意思。作者还提出常用的 63 个助动词的意义和用法，由于篇幅有限在这里不一一展开解释了。

汪大年在《缅甸语汉语比较研究》一书中列出了汉语和缅甸语助动词的比较。作者认为有一类动词表示动作的可能和动作者的意愿，汉语中将其归入动词之列，称之为"能愿动词"[①]。它是由动词发展而来，放在主要动词前面，用来补充说明主要动词的可能性和意愿。缅甸语中将此类词另归一类，称之为"助动词"。它们绝大多数也是由动词或形容词意义虚化而成。经常用在动词之后，作为动词意义的补充。汉语中的能愿动词与缅甸语中的助动词并不完全相同，作者提出二者有如下区别。

（1）汉语的能愿动词主要是动词，缅甸语的助动词有些是动词，也有些是形容词。

---

① 汪大年：《缅甸语汉语比较研究》，北京大学出版社 2012 年版，第 247 页。

（2）汉语的能愿动词用在主要动词之前，缅甸语的助动词都放在动词之后。

（3）汉语的能愿动词可以在否定副词之后，缅甸语的助动词一般不能放在否定副词之后。如果否定副词放在助动词之前，助动词往往变成主要动词。

（4）缅甸语中表示动作行为趋向的助动词"လာ（来）"、"သွား（去）"，汉语中将它们看作动词的趋向补语。缅甸语中归入表示趋向的助动词，而且还带有说话人的一种感情色彩。一般表示好的意思，往往加上"起来"；如果表示贬义，常常加"下去"。

（5）缅汉两种语言中的能愿动词或助动词除了个别特例外，一般都不能重叠使用。

（6）汉语中的"能愿动词"完全属于动词范畴，具有动词的特性。因此可以单独回答问题。但是缅甸语中的助动词却没有独立性，不能单独回答问题。要回答类似汉语中的同样问题时，必须要和主要动词一起回答。

作者最后得出结论：汉语的能愿动词完全是属于动词范畴，具有动词的性能。用在主要动词之前，并能单独回答问题。它也可以受否定副词修饰。缅甸语的助动词范围要比汉语的能愿动词广，可以由动词和形容词或其他词变化而来。它只能作为主要动词的附属成分，给主要动词以补充和说明。它不能独立运用，不能独立回答问题，也不能受否定副词修饰。

5. 钟智翔、曲永恩在《缅甸语语法》[①] 一书中把缅甸语的助动词定义为"助动词（ကြိယာထောက်）是指位于动词之后，帮助说明动词的性能、状态，增加动词的情感色彩或使语言更加顺畅的词"。作者从来源和意义上给助动词分为实义助动词和纯助动词两类，列举了49个实义助动词和23个纯助动词。最后列出助动词的6个特点。

（三）其他国家学者的研究

研究缅甸语助动词的其他国家学者有 John Okell、Bernot、Julian K. Wheatley、Okell 和 Allott 等。

---

① 钟智翔、曲永恩：《缅甸语语法》，世界图书出版公司2014年版，第95—114页。

第六章 汉语助动词"要"与缅甸语对应的助动词对比研究 / 151

John Okell 在 *A Reference Grammar Of Colloquial Burmese*（Part Ⅰ）一书中提到缅甸语助动词 59 个①，在（Part Ⅱ）中详细解释每个助动词的意义和用法。②

Bernot 也提到过缅甸语中的助动词，作者指出下面这些词是动词后跟助动词：③ ကျ、နေ、လာ、လိုက်、ဖြစ်၊ ပြီ၊ သွား၊ ထား၊ ကုန်၊ ပြစ်၊ လု၊ လောက်၊ ကောင်း၊ လွယ်၊ ခဲ၊ မိ၊ ရ၊ နိုင်၊ တတ်၊ လို၊ ကြည့်၊ ရက်၊ စေ၊ ခိုင်း၊ စမ်း၊ ပေး။④

Julian K. Wheatley 也谈到缅甸语的助动词，作者给助动词分为两大类来讨论：常用助动词和趋向助动词。常用助动词有 15 个：ပြီ၊ ကောင်း၊ ရ၊ နိုင်၊ တတ်၊ နေ၊ ထား၊ ပေး၊ ကြည့်၊ စေ၊ နိုင်၊ မိ၊ ချင်၊ ဖူး၊ ပြန်။趋向助动词有：သွား၊ လာ၊ ခဲ့၊ လိုက်။⑤ 书中主要讨论趋向助动词，因为我们的研究不是趋向助动词，所以在这里略谈此部分。作者还讨论助动词的顺序和其他助动词。

John Okell 和 Anna Allot 在 *Burmese/Myanmar Dictionary of Grammatical Forms* 中列出很多助动词，发现作者们提出的缅甸语助动词中可以跟汉语"要"类词对应的有"ချင်、ရ、လို、တော့、လိမ့်"，有的是作为动词来看待的。⑥

上面各位前贤从不同角度研究缅甸语的助动词，收获颇丰富。不过我们认为在研究方法和理论上还需要更进一步讨论，因此本章从三个平面理论来研究汉语和缅甸语对应的助动词，提出两种不同语言之间助动词用法上的差异以及句法、语义和语用共性和区别特征。

---

① Okell, John, *A Reference Grammar of Colloquial Burmese*, Part Ⅰ, Oxford University Press: London, 1969, pp. 32-33.
② Okell, John, *A Reference Grammar of Colloquial Burmese*, Part Ⅱ, Oxford University Press: London, 1969.
③ 注：post-verbal auxiliaries。
④ Bernot, Denise, *Le Prédicat en Birman Parlé*. SELAF, 1980, pp. 213-364.
⑤ Wheatley, Julian K., *Burmese: A Grammatical Sketch*, (unpublished PhD dissertation) University of California, Berkeley, 1982, pp. 234-248.
⑥ Okell, John and Allott, Anna, *Burmese/Myanmar Dictionary of Grammatical Forms*, Curzon Press: Richmond, Surrey, 2001.

二　缅甸语助动词的义项分类

(一) 缅甸学者的分类

Thant Sin Aye 在博士学位论文中提到助动词的分类，作者认为可以给主要动词后面的词细分为三大类：စွယ်စုံကြိယာများ（灵活性动词）、ကြိယာထောက်များ（助动词）和ကြိယာအလေးအနက်ပြုပစ္စည်းများ（强调动词意义的助词）。① 例如：

灵活性动词（စွယ်စုံကြိယာများ）：ခိုင်း、သင့်、ချင်、တတ်、ရဲ、ထိုက်、အား、ပျော်、လွယ်、လို、လောက်、နိုင်。

助动词（ကြိယာထောက်များ）：နေ、ရ、ပြီး、ရက်、ကုန်、မိ、ထား、ဝံ့、တတ်、အပ်、သွား、ချ等。助动词（ကြိယာထောက်များ）可再分为两小类：表示时态的和表示状态的。

(1) 表示时态的（ကာလအသွင်ပြ）：နေ、ပြီ、ကုန်、ထား、တတ်、သွား、လာ、လိုက်等。

(2) 表示状态的（အခြေအနေပြ）：ရ、ရက်、မိ、ဝံ့、အပ်、ချ、ပစ်、ထည့်၊ ကြည့်၊ ဖြစ်၊ ပြ၊ သာ၊ ပေး၊ ပြန်၊ လောက်၊ နိုင်၊ စေ၊ ကောင်း၊ လှ၊ ခဲ့等。

强调动词意义的助词（ကြိယာအလေးအနက်ပြုပစ္စည်းများ）：ပြီး、လွန်း、ရစ်、လိမ့်、သေး、စမ်း、နှင့်၊ တော့၊ ရော 等。强调动词的助词（ကြိယာအလေးအနက်ပြုပစ္စည်းများ）可再分为两小类：表示时态的和表示状态的。

(1) 表示时态的：ပြီး、ရစ်、သေး、နှင့်、တော့、ဦး、လှ、ခဲ့、မြဲ、တုန်း、ဆဲ等。

(2) 表示状态的：လွန်း、လိမ့်၊ စမ်း၊ လှည့်၊ ရာ၊ ပါ၊ နေ (ကျ)၊ ရုံ၊ နိုး၊ ရော၊ ရော၊ ချေ၊ ချည်၊ ပေ၊ လေ၊ လှ 等。

---

① Thant Sin Aye：《缅甸语动词的结构及意义》，博士学位论文，仰光大学缅文系，2008年，第 123 页。

第一组灵活性动词（စွယ်စုံကြိယာများ）中"ချင်、လို"跟某个动词一起使用以后表达愿意做某件事或者表示意愿。如：စားချင်တယ်॥（想吃），အိပ်ချင်တယ်（想睡），လာချင်တယ်॥（想来），ကြည့်ချင်တယ်॥（想看），ပြောချင်တယ်॥（想说）。第二组助动词（ကြိယာထောက်များ）中"ရ"表示必要意义，也表示肯定性。比如：သင်တန်းတက်ရမယ်॥（要上课）。第三组强调动词意义的助词（ကြိယာအလေးအနက်ပြုပစ္စည်းများ）中的"တော့"表示动作即将要发生，具有强调的意义，如：မန္တလေးရောက်တော့မယ်॥（快到曼德勒了）；"လိမ့်"表示可能性，如：မိုးရွာလိမ့်မယ်॥（会下雨）；"ရော"表示估计意义，如：ဒီအချိန်ဆို မန္တလေးရောက်ရောပေ့॥（现在应该到曼德勒了）。

（二）中国学者的分类

汪大年根据词语的含义给缅甸语的助动词分为五大类：[①]（1）表示可能；（2）表示意愿；（3）表示必须、需要；（4）表示估计、程度和数量；（5）其他。具体如下：

（1）表示可能的助动词（包括可能、事实和性状）。常用的有：တတ်、နိုင်、အား、ပိုင်、လွယ်、ခဲ、ဖြစ်等。作者给每个词都举例并详细说明它们的特点。

（2）表示意愿的助动词。常用的有：ရဲ、ဝံ့、ပျော်、ချင်、လို、ရက်、ကြည့်、စမ်း等。

（3）表示情理上、习惯上或事实上的必须需要。常用的有：သင့်、ရာ、အပ်、ထိုက်、တန်、ကောင်း、သာ等。

（4）表示估计、程度和数量。常用的有：လောက်、လွန်、ကုန်、လှ等。

（5）其他：除了上列四类以外，还有一些助动词，也可以说明和补充词的内容。例如：ပစ်、ခိုင်း、ပေး、ပြီး、မိ、သွား、လာ等。

上面各类助动词中，发现有意愿类的"ချင်、လို"和表示"得""必须"意义的"ရ"。例如：

[①] 汪大年编著：《缅甸语概论》，北京大学出版社1997年版，第195—214页。

ကလေးများသည် ပုံပြင်များကို နားထောင်ချင်သည်။（孩子们很想听故事。）

ကျွန်တော်သည် မြန်မာသဒ္ဒါစာအုပ် တစ်အုပ် လိုချင်သည်။（我想要一本缅甸语语法书。）

လူတိုင်း အလုပ် လုပ်ရမည်။（人人必须工作。）

第二节　汉缅语助动词用法对比

我们首先把汉语方面的助动词"要"的五种义项——意愿类、必要类、可能类、估计类和将要类定为本章的跟缅甸语词语对比研究的对象；对于缅甸语方面的对比对象，我们从研究缅甸语助动词的几位学者的分类和一些工具书中选出意义上最统一的词：以 John Okell[①]、许清章[②]、汪大年[③]、Thant Sin Aye[④] 和工具书《缅汉词典》[⑤] 为主要参考，选定十个词语，即汉语"要"和缅甸语意义对应词语。详细对应表见表 6—1。

表 6—1　　　　　汉语"要"和缅甸语意义对应词语

	汉语"要"	缅甸语对应的词语
1.	意愿类	ချင် (khyin)、လို (lo)
2.	必要类	ရ (ya')
3.	可能类	လိမ့် (lein')、နိုင် (nain)、ကောင်း (kaun:)
4.	估计类	လောက် (laut)、ရော (yaw:)
5.	将要类	တော့ (taw')、လု (lu')

---

① Okell, John, *A Reference Grammar of Colloquial Burmese*, Part Ⅰ & Ⅱ, Oxford University Press: London, 1969.

② 许清章编：《缅甸语语法》，外语教学与研究出版社 1994 年版，第 134—164 页。

③ 汪大年编著：《缅甸语概论》，北京大学出版社 1997 年版，第 194—214 页。

④ Thant Sin Aye：《缅甸语动词的结构及意义》，仰光大学缅文系博士学位论文，2008 年，第 105—123 页。

⑤ 北京大学东方语言文学系缅甸语教研室编：《缅汉词典》，商务印书馆 2000 年版。

第六章 汉语助动词"要"与缅甸语对应的助动词对比研究 / 155

缅甸语中跟"要"的义项对应的词语有：能表达意愿义的词语"ချင်（khyin）、လို（lo）"；能表达必要义的词语为"ရ（ya′）"，能表达可能义的"လိမ့်（lein′）、နိုင်（nain）、ကောင်း（kaun：）"，能表达估计义的"လောက်（laut）、ရော（yaw：）"以及能表达将要义的"တော့（taw′）、လု（lu′）"等。当然，不能说缅甸语中跟汉语助动词"要"的义项对应的只有这么几个词，本章以常用的或常见的词语为标准来选出对比对象。

一　缅甸语助动词的用法

（一）意愿类"ချင်（khyin）、လို（lo）"

1. ချင်（khyin）

《缅汉词典》① 认为"ချင်"有几个词性，意义也有所不同，能表示"想、要"，"也许、可能"，"好像、倾向"等几种意思。"ချင်"没有实义动词的用法，必须在某个动词后面当助动词，表示愿意或者希望做某件事的意思。比如：

(1) ကျွန်တော် ထမင်း စားချင်တယ်။
　　kya naw ht-min：sa：gyin②de
　　我　　　饭　　吃　想　句助③
　　（我想吃饭。）

(2) မောင်မြင့်သည် စာမေးပွဲ အောင်ချင်သည်။（缅甸语委员会《缅甸语语法》）
　　maun myin′ dhi sa mei：bwe：aun gyin dhi

---

① 北京大学东方语言文学系缅甸语教研室编：《缅汉词典》，商务印书馆 2000 年版，第 126 页。

② 注：缅甸语中有很多变调，文字上的音和读音有差别，"ချင်"字的字面上的读音是"khyin"，读的时候由清音变成浊音，"gyin"是说话当中的发音，是一种变调。特别说明：本章对缅甸语例句的发音是引自《缅汉词典》（2000），使用拉丁字母标上缅甸语拼音，除了书面语句子以外，其他句子的拼音都是按照口语中的变音变调来标注。

③ 注："句助"指"句尾助词"，本章的每条例句中统一标明为"句助"。缅甸语中每条句子的句尾有不同的助词，属于结束语，一般表达时态。如：တယ်、သည်、မယ်、မည်、ပြီ、၏、ဘူး等。

貌敏　主助① 　考试　通过　想　句助
(貌敏想通过考试。)

(3) မေမေပြောတဲ့ပုံပြင် နားထောင်ချင်တယ်။

meimei pyaw: de pon byin na: htaun gyin de

妈妈　讲　　　故事　听　想　句助
(想听妈妈讲的故事。)

上面例句（1）至（3）中"ချင်"在动词"စား（吃）""အောင်（通过）""နားထောင်（听）"的后面给动词补助意义，表示希望做对这个动作的愿望，分别表示说话人有"ထမင်းစား（吃饭）""စာမေးပွဲအောင်（考试通过）""ပုံပြင်နားထောင်（听故事）"的愿望。

2. လို (lo)

John Okell② 认为"လို"没有助动词性，但是中国学者许清章③、汪大年④、缅甸学者 Thant Sin Aye⑤ 和《缅汉词典》⑥ 都认为"လို"可以当助动词。

《缅汉词典》中"လို"是动词，表示想、希望、需要和愿意的意思。例如：

(4) ဘယ်လောက် လိုသလဲ။（《缅汉词典》）

be laut　 lo tha le

多少　需要　句助

---

① 注："主助"指"主语助词"，在主语后面强调主语的语法作用的助词。
② Okell, John, *A Reference Grammar of Colloquial Burmese*, Part Ⅱ, Oxford University Press: London, 1969. p. 342.
③ 许清章编：《缅甸语语法》，外语教学与研究出版社 1994 年版，第 163 页。
④ 汪大年编著：《缅甸语概论》，北京大学出版社 1997 年版，第 199 页。
⑤ Thant Sin Aye：《缅甸语动词的结构及意义》，博士学位论文，仰光大学缅文系，2008 年，第 109 页。
⑥ 北京大学东方语言文学系缅甸语教研室编：《缅汉词典》，商务印书馆 2000 年版，第 864 页。

第六章　汉语助动词"要"与缅甸语对应的助动词对比研究 / 157

（需要多少？）

例（4）"လို"当动词时表示需要的意思。《缅汉词典》中再指出"လို"当助动词时表示"希望、欲、想、要"的意思，在此我们主要讨论"လို"的助动词性。曲永恩[1]和 Thant Sin Aye[2] 也提出"လို"不仅是实义动词，它还有助动词的功能，表示需要做某事和做某事的意愿。例如：

（5）သူ သွားလိုတယ်။
　　　thu thwa: lo de
　　　去　想　句助
　　　（他想去。）

（6）ကျွန်တော် စကားပြောလိုပါတယ်။
　　　kya naw za ga: pyaw: lo ba de
　　　我　　话　说　想　句助
　　　（我想说说话。）

（7）ကျေးဇူးတင်ကြောင်း ကျွန်တော် ဖော်ပြလိုပါသည်။（曲永恩《实用缅甸语语法》）
　　　kyei: zu: tin kyaun: kya naw phaw: pya'lo ba dhi
　　　感谢　　　　　　我　　表示　要　句助
　　　（我要表示感谢。）

（8）ယူနန်ပြည်နယ်က ရှန်ဂရီလာကို သွားရောက်လည်ပတ်လိုပါတယ်။
　　　Yunnan pyi ne ga'Xianggelila go thwa: yaut'le pat lo ba de
　　　云南省　的　香格里拉　往　去　到　游览　要　句助
　　　（要去云南香格里拉旅游。）

上面例句都表示"意愿"的意义。发现"လို"都在动词"သွား"

---

[1]　曲永恩：《实用缅甸语语法》，辽宁民族出版社 2000 年版，第 247 页。
[2]　Thant Sin Aye：《缅甸语动词的结构及意义》，博士学位论文，仰光大学缅文系，2008 年，第 109 页。

(去)、"ပြော"（说）、"ဖော်ပြ"（表示）、"လည်ပတ်"（旅游）后面补充说明说话人要表达的意愿。

可见，缅甸语中"ချင်"和"လို"都能表达意愿义，表示希望或愿意做某件事的意思，有点不同的是日常口语中使用"ချင်"的比率比"လို"高。用"လို"表达自己的愿望时比较倾向于书面语。因此，汉语"要"的意愿类义项和缅甸语的"ချင်"和"လို"可以相对应。

（二）必要类"ရ"（ya'）

《缅汉词典》中提出"ရ"有名词、动词、助词和助动词四种词性。其中助动词有三种意思：①得到、获得；②必须、得、只好；③可以、能够。我们要对比的是必要类，因此我们只讨论第二个意义：必须、得、只好。例如：

(9) ယခုမူကား ထိုသို့ လုပ်ရတော့မည်။（《缅汉词典》）
　　ya khu'mu ga: hto do'lout'ya'daw'myi
　　现在　　那样　做要　　句助
　　（现在也只好那么办了。）

(10) ဒီလို ရေးရတယ်၊ ဟိုလို မရေးရဘူး။（同上）
　　di lo yei: ya'de　ho lo ma yei: ya'bu:
　　这样写　必须　　那样不写　句助
　　（必须这样写，不能那样写。）

(11) ဒီစက်ဘီး ဘယ်လောက် ပေးရသလဲ။（同上）
　　di set bein: be laut pei: ya' tha le
　　这 自行车 多少　　 给 要 疑问词
　　（这辆自行车得花多少钱？）

例（9）中的"ရ"表示"只好"，例（10）"ရ"表示"必须"，例（11）中的"ရ"却接近实义动词的意义，表示"得到"。我们认为《缅汉词典》的例句和解释还有些不足，当助动词的"ရ"后面跟时态助词"မယ်"或者"မည်"搭配使用，才能表达"必要"的意思。

第六章 汉语助动词"要"与缅甸语对应的助动词对比研究 / 159

Thant Sin Aye[①]认为"ရ"是助动词，表示肯定意义，含必要和有机会的意思。比如：

（12）အတန်း တက်ရမည်။
a tan: tet ya'myi
课 上 要 句助
（要上课。）

（13）အိမ်စာတွေ မနက်ဖြန်ညနေ အပြီးအပ်ရမယ်။
ein sa dwei ma net phyan nya'nei a pi: at ya'me
作业 明天 下午 最后 交 要 句助
（明天下午必须要交作业。）

例（12）和例（13）中"ရမယ်"表示"必须"的意思，用来补助谓语动词，如："တက်ရမည်（要上（课））""အပ်ရမယ်（要交（作业））"。"ရ"表达"必要义"的时候句尾一定要出现将来时助词"မယ်"（口语）或者"မည်"（书面语）。下面我们来看看搭配句尾助词"တယ်"后有什么变化。例如：

（14）နိုင်ငံခြား သွားရတယ်။
nain gan gya: thwa: ya' de
国外 去 要 句助
（要去国外。）

例（14）"ရ"后面搭配现在时助词"တယ်"，表示对谓语意义的肯定，突出强调意义，表达在某种情况下确定要出国的意思，有这样的机会的意思，比如，"在外交部工作，要去国外"。可见，缅甸语中句尾助词也很重要，如用错句尾助词，在理解上会出现困难。缅甸语中跟汉语

---

① Thant Sin Aye：《缅甸语动词的结构及意义》，博士学位论文，仰光大学缅文系，2008年，第113页。

"要"相对应的"ရ"搭配使用"မယ်"时,表示必要。

(三) 可能类"လိမ့်"(lein′)、"နိုင်"(nain)、"ကောင်း"(kaun:)"

1. လိမ့် (lein′)

一些著作中没有给"လိမ့်"提出可能的意义,只有实义动词的意义"滚、转动"和助词的意义"表示将来时的助词"。我们认为"လိမ့်"不仅有这些词性,它还具有助动词词性,表示某种可能性。John Okell[①] 和 Thant Sin Aye[②] 都提出过这一点,"လိမ့်"有可能的意义。例如:

(15) ဦးစံတင့် အားနေပါလိမ့်မယ်။ (John Okell, 1969)

u: san tin′a: nei ba lein′me

吴萨丁　有空　　可能　句助

(吴萨丁可能有空。)

(16) စာအုပ်က ဘီဒိုပေါ်မှာ ရှိလိမ့်မယ်။

sa out ka′bi do baw hma shi′lein′me

书　　　柜子上　　存在　可能　句助

(书可能在柜子上。)

(17) မိုး ရွာလိမ့်မယ်။ (Thant Sin Aye, 2008)

mo: ywa lein′me

雨下　会 句助

(可能会下雨。)

(18) ဒီနေ့ သူ အိမ်ပြန်လိမ့်မယ်။

di nei′thu ein pyan lein′me

今天　他　回家　会 句助

(今天他会回家的。)

---

① Okell, John, *A Reference Grammar of Colloquial Burmese*, Part Ⅱ, Oxford University Press: London, 1969, p. 341.

② Thant Sin Aye:《缅甸语动词的结构及意义》,博士学位论文,仰光大学缅文系,2008年,第120页。

第六章　汉语助动词"要"与缅甸语对应的助动词对比研究 / 161

"လိမ့်"作为一个表示可能性的助动词，它的后面经常搭配的只有表示将来时的句尾助词"မယ်"；"ရှိလိမ့်မယ်"（可能存在）、"ရွာလိမ့်မယ်"［会下（雨）］、"ပြန်လိမ့်မယ်"［会回（家）］，"动词＋助动词"结构后接的助词"မယ်"使谓语动词"ရှိ"（在）、"ရွာ"［下（雨）］、"ပြန်"［回（家）］更能确定可能将＋要发生此命题的意义。

2. နိုင်（nain）

一些工具书和有些学者多把"နိုင်"的意义定为"能力、能够、可以"，我们认为"နိုင်"还有可能的意义，John Okell[①] 提出过这一点，他认为"နိုင်"是助动词，也能表达可能的意义，例如：

（19）နမ်းတာနဲ့တင် သေနိုင်တယ်။（John Okell, 1969）
　　　nan: da ne'din dei nain de
　　　闻　就　　死　能　句助
　　　（闻一下就能死。）

（20）ဖြစ်နိုင်ပါတယ်။
　　　phyit'nain ba de
　　　是　可能　句助
　　　（有可能。）

（21）သူ ပြန်ကောင်းနိုင်ပါတယ်။
　　　thu pyan kaun: nain ba de
　　　他　恢复　　可能　句助
　　　（他能恢复健康的。）

上面例句都是 John Okell 举出的例子，例（19）复句中后半句动词"သေ（死）"后面接"နိုင်"，表示可能性，"闻一下就会死"的可能。例（20）"နိုင်"跟动词"ဖြစ်"一起出现，补充帮助动词的意义，表示"可能

---

① Okell, John, *A Reference Grammar of Colloquial Burmese*, Part Ⅱ, Oxford University Press: London, 1969, p. 362.

会"的意思。句尾接表示现在时的句尾助词"တယ်",表示肯定的语气。例(21)助动词"နိုင်"在动词后面强调动词"ပြန်ကောင်း(恢复)"的意义,表示"可能恢复健康"。例(20)和例(21)"နိုင်"后面接"ပါ"表示委婉的语气,有礼貌的表现。可见,例(19)和例(20)的"နိုင်"不表达有某种"能力"。

3. ကောင်း(kaun:)

《缅汉词典》给助动词"ကောင်း"概括为两个义项:① ①好;②可能、应该、值得的意义。"ကောင်း(kaun:)"本义是形容词"好"的意思。当助动词时引申到"可能"的意义,例如:

(22) သူ သိကောင်းပါရဲ့။(《缅汉词典》)
　　　thu thi'gaun:② ba ye'
　　　他 知道 可能   语气词
　　　(他可能知道。)

(23) နေသာ ကောင်းပါရဲ့။(Thant Sin Aye,2008)
　　　nei tha gaun: bar ye'
　　　太阳 晴 可能 语气词
　　　(可能有太阳。/天会好的。)

(24) ခိုင်ခိုင် လာကောင်းပါရဲ့။
　　　khain khain la gaun: ba ye'
　　　凯凯   来 可能 语气词
　　　(凯凯可能会来的。)

例(22)至例(24)中"ကောင်း"在谓语后面补助主要动词的意义,表示可能。例(22)至例(24)分别表示"သိကောင်း(可能知道)"

---

① 北京大学东方语言文学系缅甸语教研室编:《缅汉词典》,商务印书馆2000年版,第30页。
② 注:"ကောင်း"的文字上的发音是"kaun:",读的时候由清音变成浊音,变调音读为"gaun:"音。

"နေသာကောင်း（天可能好）"、"လာကောင်း（可能来）"的意义。值得注意的是可能义"ကောင်း"句尾搭配词语跟其他可能意义的助动词的句尾助词不一样，是已经固定的词"ပါရဲ့"。"ပါ"和"ရဲ့"都表示委婉的语气，也有希望的意思，表示这个命题会发生的可能性大。

分析可见，缅甸语中的"လိမ့်"、"နိုင်"和"ကောင်း"都能表示可能意义，它们之间有些区别，"လိမ့်"表达事情可能会发生的状态，"နိုင်"表达更肯定的可能性，"ကောင်း"表达希望发生的可能性。因而，汉语的"要"的可能类义项和缅甸语中的"လိမ့်、နိုင်、ကောင်း"可以对应。

（四）估计类"ရော（yaw:）、လောက်（laut）"

1. ရော（yaw:）

有些学者认为"ရော"是一种助词，Thant Sin Aye[①]认为"ရော"是缅甸语中表示估计意义的助动词。通过语料分析，我们认为"ရော"也有助动词词性，例如：

（25）ဒီအချိန်ဆို သူ နေပြည်တော် ရောက်ရောပေါ့။
di a khyein hso thu Nay Pyi Taw yaut′yaw: paw′
这时候　　他　内比都　　到　会　语气助词
（这个时候他应该到内比都了。）

（26）အခုလောက်ဆို မီး လာရောပေါ့။
a-khu′laut hso mi: la yaw: paw′
现在　　　　电　来　该　语气助词
（现在电应该来了。）

（27）သူတို့ သွားကြရောပေါ့။
thu do′ thwa: gya′yaw: paw′
他们　走　　应该　语气助词
（他们应该走了。）

---

① Thant Sin Aye：《缅甸语动词的结构及意义》，博士学位论文，仰光大学缅文系，2008年，第212页。

上面这些例句中的"ရော"在谓语动词后面补助谓语动词的意义，表示估计，都表示说话人猜测此命题。例（25）"ရောက်ရောပေါ့（估计该到了）"，例（26）"（မီး）လာရောပေါ့［（电）应该来了］"，例（27）"သွားကြရောပေါ့（应该走了）"。例（27）动词"သွား（去）"和助动词"ရော"中间有一个词"ကြ"，是跟前面的"သူတို့（他们）"搭配的词语，表示复数的谓语助词，句中它不会影响助动词的功能。估计意义的"ရော（yaw:)"跟语气助词"ပေါ့（paw'）"搭配使用，"ပေါ့"表示肯定的语气。那么在缅甸语中"ရောပေါ့"这两个词在一起的格式都能表达"估计意义"吗？我们在下面继续讨论它们的特点。例如：

（28）စာစာက ပြောရောပေါ့။

saw: saw: ga'pyaw: yaw: paw'
早点　　说　　该　语气助词
（你应该早点说。）

（29）နင်ကလည်း ကောင်းကောင်း ဝတ်ခဲ့ရောပေါ့။

nin ga'le　kaun: gaun: wit ke'yaw: paw'
你　　好好　　　穿　　该　语气词
（你应该好好穿的。）

我们发现例（28）和例（29）都是"ရော"和"ပေါ့"两个词在一起的，都可以译成"应该"，但是表达上跟上面的例子不同的是例（28）、例（29）表达"应该"的实际意义，例（28）指"应该早点说"，例（29）指"应该好好穿"。例（29）中动词"ဝတ်（穿）"和助动词"ရော（yaw:)"中间的助词"ခဲ့（khe'）"表示强调谓语意义。前者和后者表达的口气有差别，例（25）至例（27）表达中有积极的口气，例（28）、例（29）有不太满意的口气。

可见，缅甸语的词语用法也比较丰富。

2. လောက် (laut)

许清章①、汪大年②和 Thant Sin Aye③ 都提出"လောက်"有助动词的功能，能表示"够……""估计该……"的意义，大多表示估计动作的数量或状态。例如：

（30）ဒါတွေ ပေးလိုက်တာ သူ ကျေနပ်လောက်ပြီ။（许清章《缅甸语语法》）

da dwei pei：lait ta thu kyei nat laut bi
这些东西 给 他 满足 大概 句助
（给他这些东西，他大概也满足了吧！）

（31）သူ ရောက်လောက်ပြီဟု အားလုံးက ခန့်မှန်းနေကြလေသည်။（汪大年《缅甸语概论》）

thu yaut laut bi hu'a：lon：ga'khan'hman：nei gya'lei dhi
他 到 应该 大家 主助 估计 正在 句助
（大家都估计说他该到了。）

（32）ဒီငွေနဲ့ လောက် လောက်ပါတယ်။（Thant Sin Aye，2008）

di ngwei ne'laut laut ba de
这笔钱 足够 应该 句助
（有这笔钱应该够了。）

（33）စားလောက်တယ်။

sa：laut te
吃 够 句助
（吃个够。）

上面例（30）至例（33）中动词"ကျေနပ်（满足）""ရောက်（到）""လောက်（足够）"后面都接"လောက်"，表示说话人对此命题估计的意

---

① 许清章编：《缅甸语语法》，外语教学与研究出版社 1994 年版，第 163—164 页。
② 汪大年编著：《缅甸语概论》，北京大学出版社 1997 年版，第 210 页。
③ Thant Sin Aye：《缅甸语动词的结构及意义》，仰光大学缅文系博士学位论文，2008 年，第 109 页。

思。例（33）中动词"စား（吃）"后面的"လောက်"形式上是助动词，但意义上能表达两种意思：第一，本义"足够"的意思，指"够吃"；第二，引申义"估计"的意思，指"估计够"。"လောက်"在句尾跟表示现在时的助词"ပြီ、တယ်、သည်"搭配使用。

"ရော"和"လောက်"都能表达估计的意义，都能当助动词。但是它们之间还有点区别，"ရော"估计的是希望发生的动作，未然状态；"လောက်"估计的可以是已发生事件的实际状态。"ရော"语气上比较轻松，"လောက်"表达更接近肯定的语气。可见，汉语的估计类"要"跟缅甸语的"ရော、လောက်"可以对应。

（五）将要类"တော့（taw'）、လု（lu'）"

1. တော့（taw'）

"တော့"表示动作快要发生或者即将发生的情况，有"即将""快要"的意思，也可以给动作强调的意义。例如：

(34) မီးရထား ထွက်တော့မယ်။

　　　mi: ya'hta: htwet taw'me
　　　火车　　开　快要　句助
　　　（火车快要开了。）

(35) မိုး ရွာတော့မယ်။

　　　mo: ywa daw'①me
　　　雨　下　快要　句助
　　　（快要下雨了。）

上面的例（34）和例（35）中"တော့"后面往往搭配表示将来时的句尾助词"မယ်"，"တော့"表示前面的动词"ထွက်（开）""ရွာ（下）"快要发生了的意思。再如：

---

① 注："တော့"字面上的发音是"taw'"，读的时候由清音变成浊音，有的句子变调后发出"daw'"音。

(36) အခုမှပဲ ရင်ထဲ ပေါ့သွားတော့တယ်။
　　　a ku'hma'be yin de paw'thwa: daw'de
　　　现在　才　　心里　轻松　　　　句助
　　（现在才轻松了。）

例（36）中的"တော့"表示强调谓语的意义，后面搭配现在时的句尾助词"တယ်"。可见，缅甸语中一个词能代表几个意义，这种情况下词性也不同了。例（34）和例（35）属于助动词，例（36）属于助词。下面我们要讨论表示将来时的助词"မယ်"，我们也可以把表示将要的"要"译成"မယ်"，比如：

(37) ကျွန်တော် ထမင်း စားမယ်။
　　　kya naw ht-min: sa: me
　　　我　　　饭　　　吃 句助
　　（我要吃饭。）

(38) မေမေပြောတဲ့ပုံပြင် နားထောင်မယ်။
　　　meimei pyaw: de' pon byin na: htaun me
　　　妈妈　讲　　　故事　　　听　句助
　　（要听听妈妈讲的故事。）

上面的例（37）和例（38）中"စားမယ်（要吃）" "နားထောင်မယ်（要听）"分别表示"将要做"的意思。句子中没出现助动词"တော့"，但是也能理解成"要吃饭了"和"要听故事了"这样的意思，动词谓语后面加表示将来时助词"မယ်"，不只是"将要"的意义，也包含"意愿"的意思。例如："我想吃饭，所以我要吃了。"

2. လု (lu')

缅甸语中能表达将要义的还有一个词"လု"，这个词也表达将要发生某件事的情况。在动词后面表示动作快要发生了，是补充动词状态的一种助词。跟"တော့"的区别是句尾的搭配词不同，"လု"的后面搭配的是表达一般陈述结束语助词"ပြီ"，例如：

(39) ရောက် လုပြီ။（《缅汉词典》）
　　　yaut lu'bi
　　　到　快　句助
　　（快到了。）

(40) စက်တင်ဘာလ ကုန်လုပြီ။（同上）
　　　set tin ba la' kon lu' bi
　　　九月　　　　过去 快句助
　　（九月份快过去了。）

　　例（39）和例（40）的"လု"都表示"几乎、快要"的意思，使用上跟"တော့"的差别是："လု"多用于书面语，"တော့"用于口语。用的词不同，句尾助词也不同，不过表达的意义基本上相同，不过也同中有异，"တော့"强调"快要发生的时间"，"လု"更强调"快要发生的情况"。

　　通过上面的讨论，我们能找出缅甸语中跟汉语助动词"要"的五种义项能对应的词语，发现有的是动词，有的是助动词，有的是助词，有的却有几种词性。其中我们根据语料分析发现能直接译成"要"的词语只有五个：表示意愿的"လို"、表示必要的"ရ"和表示将要的"တော့"、"လု"和"မယ်"；意愿义"ချင်"则可以译成两种词"要"和"想"。其他词语分别能译成其他助动词：可能义"လိမ့်"可以译成"可能、会、能"；估计义"လောက်、ရော"可以译成"会、应该、该"。因此，跟缅甸语相比，汉语助动词"要"一个字具有几种义项，但缅甸语中跟"要"直接对应的词语没有这样多义项功能，比如"လို"当实义动词时表示需要和意愿，在动词后面当助动词时也只能表达需要做某事和做某件事的意愿或愿望，只有两种义项；表示必要的助动词"ရ"有两个义项，表示必要和得到（机会）；表示将来时间的"တော့、လု"词性说法不一，既表示助动词，又表时态助词，不过都能表达"要……了""快要……了"的意思。说起将要义也不能排除句尾助词"မယ်",它也能表达将来时的意义,可以跟"要"对应。

汉语的助动词"要"有五种义项,都能用"要"来表达不同的意义,但是上面的分析结果表明缅甸语中的这些意义不能全部译成"要"。说明汉语"要"和缅甸语的这些词语有区别性特征,由于汉语中的助动词"要"是一个用频极高的词语,在历史发展中功能也十分多样,但相对而言,缅甸语中与本书研究的表义功能相当的词语较多,可以说是各司其职。因而在翻译过程中要选取语义类别中更强势的词语。比如:可能义就一般会选择汉语中的"可能"来翻译。

缅甸语中能跟动词"要"的基本义对应的词是动词"လို",它能表示"需要"和"意愿"义,"လို"由动词演变到助动词后也只能表达这两种意思,它没有分化成其他的表达。时态助词"တော့"和"လှ"都可以跟"要"对应。因而,我们在下面的对比分析中只选用以上六个词:意愿类,助动词"ချင်""လို";必要类,助动词"ရ";将要类,时态助词"တော့、လှ"和表示时态的句尾助词"မယ်"。以下略谈表示"可能类"和"估计类"的词语。

二 汉缅语助动词用法区别

上面我们分析过缅甸语方面的词语的用法,接着讨论汉语"要"和缅甸语词语的用法共性和区别特征。我们按照义项来一一讨论它们的用法特征:

（一）意愿类"要"和"ချင်（khyin）、လို（lo）"

汉语的"要"和缅甸语的"ချင်、လို"都有助动词词性,二者的意义基本上都能表达意愿,做某事的愿望。《现代汉语词典》（第5版）却提出助动词"要"有表示做某件事的意志,如:他要学游泳。缅甸语中的"ချင်"最普遍的用法是表示做某事的意愿,没有表达意志的用法,"ချင်"在句子中译成汉语后大多数用"想"来表达,比如:

（41） ငါ မုန့်ဟင်းခါး စားချင်တယ်။

nga mout hin: ga: sa: gyin de
我　鱼汤米线　　吃　想　句助
(我想吃鱼汤米线。)

(42) ဘုရားဖူး ထွက်ချင်တယ်။

pha ya: phu: htwet khyin de
拜佛　　　　出去　想　句助
(想去拜佛。)

例（41）和例（42）"ချင်"表达在日常会话当中说话人"စားချင်（想吃）""ထွက်ချင်（想去）"的愿望。

"လို"跟"要"比较接近，我们认为"လို"也能表达意志，因为"လို"的基本义还有"需要义"，所以用"လို"表达意愿的同时也包含需要做某事的意义，比"ချင်"更有强烈的意愿，即意志。因此，说话人在正式的场合中用"လို"来表达自己的愿望，表达中包含着意志性，例如：

(43) ကျွန်မ ပြောလိုပါသည်။

kya ma'pyaw: lo ba dhi
我　　　说　　想　句尾助词
(我想说说。)

(44) ကျွန်တော် ခင်ဗျားနဲ့ တွေ့ဆုံဆွေးနွေးလိုပါတယ်။

kya naw kh-mya: ne dwe'hson hswei: nwei: lo ba de
我　　　您　　跟　见面　　　商量　要　句助
(我想要跟您面谈。)

例（43）是在书面情况下用的句子，"လိုပါသည်"和例（44）在正式场合上说的口语"လိုပါတယ်"相比，二者的"句尾助词"使用上有区别，日常口语中不用句尾助词"သည်"，"သည်"用在书面形式上。"တယ်"是口语中的句尾助词，我们还要注意"သည်"和"တယ်"前面都有一个表示礼貌的助词"ပါ"。可见，我们用"လို"来表达的时候往往跟"ပါတယ်"搭配使用。因为"လို"是比较正式的场合上的用法，所以也涉及礼貌原则。

表示否定用法时，汉语意愿义"要"不能用"不要"，而用"不想""不打算"①。缅甸语中否定形式一般是动词前加否定副词"မ"和在句尾用否定句句尾助词"ဘူး"来表达否定意义，跟汉语不同的是缅甸语中意愿义的否定表达还是可以使用"ချင်"和"လို"。比如：

(45) သူတို့နဲ့ စကား မပြောချင်ဘူး။
thu do'ne za ga: ma pyaw: gyin bu:
他们 跟话 不 说 想 句助
（不想跟他们说话。）

(46) ကျွန်တော်က ဒိုင်ယာရီကို အဲလို မရေးချင်ဘူး။（နီကိုရဲ့ "အိုလေး"）
kya naw ga'dain ya ri go e lo ma yei: gyin bu:
我 主助 日记 宾助 这样 不 写 想 句助
（我不想这样写日记。）

(47) ကျွန်မ ခရီး မသွားလိုပါဘူး။
kya ma'kha yi: ma thwa: lo ba bu:
我 旅行 不 去 想 句助
（我不想去旅行。）

(48) ကျွန်တော် ဒီလမ်းက မမောင်းလိုပါဘူး။
kya naw di lan: ga'ma maun: lo ba bu:
我 这路 不 开 想 句助
［我不愿意从这条路开（车）。］

分析可见，汉语的意愿义"要"和缅甸语中"ချင်（khyin）"与"လို（lo）"虽然在表达意思上有共同点，但语用上有一些区别："ချင်"只能表

---

① 刘月华等：《实用现代汉语语法》，商务印书馆2009年版，第176页。

达意愿义,"လို"更接近汉语的"要",也能表达意志义。译成汉语后"要"和"想"都能代替"လို",句尾有表示礼貌的词时,我们用"要"是不太合适的,该使用能表达委婉语气的"想"。因此,例(44)中译成"想要",才能同时顾上说话人的意志和礼貌意义。

汉语否定句中"要"都用"不想"或"不愿意"来否定意愿,但是例(45)至例(48)表示缅甸语的"ချင်"和"လို"都能进入否定形式"မ……ဘူး"格式,都能表达否定的意愿,这些是汉、缅语意愿类助动词的不同。

(二)必要类"要"和"ရ(ya')"

《现代汉语词典》(第5版)[①]提出助动词"要"有"须要;应该"的意义,例如:

①路很滑,大家要小心!(《现代汉语词典》)
②早点儿睡吧,明天还要起早呢!(同上)

"要"还表示事实上或情理上的需要,有"应该、需要"的意思,多用于未然句。[②] 缅甸语的"ရ"也有助动词性,当助动词时有三种义项:①得到、获得;②必须、得、只好;③可以、能够。其中第二个义项表达必须、得、只好。[③] 可见汉语必要类"要"和缅甸语的"ရ"都有助动词性功能,都能表达必要做某事的意义。例如:

(49) ဒီလောက်တော်တဲ့လူငယ် သေချာပေါက် ချီးကျူးရမှာပေါ့။
di laut taw de' lu nge thei gya baut' khyi: kyu: ya' hma paw'
这么 好 的 青年 必须 表扬 要 语气助词

---

① 中国社会科学院语言研究所词典编辑室:《现代汉语词典》(第5版),商务印书馆2006年版,第1586页。
② 刘月华等:《实用现代汉语语法》,商务印书馆2009年版,第176页。
③ 北京大学东方语言文学系缅甸语教研室编:《缅汉词典》,商务印书馆2000年版,第763页。

第六章　汉语助动词"要"与缅甸语对应的助动词对比研究　／　173

（这么好的青年当然要表扬了。）(《实用汉语语法》译)

(50) ငါ့မောင်လေးက ပညာတတ်ကြီး ဖြစ်ရမယ်။ (ကလျာ "ချစ်လမ်းဆုံး တော့အမုန်းရှာ")

nga'maun lei: ga'pyin nya dat gyi: phyit ya'me
我弟弟　　主助　有学问的人　成　必须要　句助
（我弟弟必须要成为有学问的人。）

(51) ကျွန်တော် ဒီနေ့ညအတွက် ဟိုတယ်အခန်းတစ်ခု ဘွတ်ကင်လုပ်ရမယ်။
（唐秀现《实用缅甸语会话》）

kya naw di nei'nya'a twet ho te a khan: ta ku'but kin lout ya'me
我　　今天　晚上　为了　旅馆　房间　一个　预订　做　要　句助
（我要预订一间今晚的旅馆房间。）

上面的例（49）至例（51）中"ရ"都能译成"要"，汉语和缅甸语可以直接对应，"ရ"和"要"都能出现在未然句。例（49）中汉语和缅甸语句句尾分别有语气助词"了"和"ပေါ့"，强调应该表扬。例（50）和例（51）缅甸语句子有表示将来时句尾助词"မယ်"，是未然句。可见，汉语和缅甸语表达必要意义的词"要"和"ရ"在意义和用法上基本上都相同，都能在未然句中表达必要义。

我们看看必要类"要"和"ရ"的否定句中的使用情况，例如：

(52) စောသေးတယ်၊ အခု မုန့် မစားရဘူးနော်။

saw: dei: de, a ku'mout ma sa: ya'bu: naw
还早呢　　　现在　零食　不　吃　要　句助　语气词
（还早着呢，现在别吃零食哦。）

(53) ဟိုနေရာ ချောနေတယ်၊ မသွားရဘူးနော်။

ho nei ya khyaw: nei de, ma thwa: ya'bu: naw
那个地方　滑　　　正在，不　去　要　句助　语气词

（那个地方很滑，不要去哦。）

例（52）和例（53）汉语"要"和缅语"ရ"在否定句中都能表达不允许或禁止的意思，汉语中用"别、不要"来否定，缅甸语也是在"မ……ဘူး"格式中用"动词+ရ"表达不允许或禁止的意思。因此，必要类肯定和否定句表达上汉语和缅语的用法很接近。"ရ"还能在不同形式上表达否定，如：

（54）ခွင့်မတိုင်ရင် မသွားရ။
　　　khwin'ma tain yin ma thwa: ya'
　　　假　不请　　不　去　句助
　　　（不请假就不许去。）

（55）ဆေးလိပ် မသောက်ရ။
　　　烟　　　不　抽　句助
　　　（不许抽烟！/禁止抽烟。）

例（54）和例（55）中"ရ"不能看成助动词"要"了，意义上表示命令，变成结尾语语气助词。因此，这里不能译成"不要"，而应该译成"不许"。再如：

（56）အပြင် မသွားနဲ့(နှင့်)။
　　　a pyin ma thwa: ne'
　　　外面　不　去　句助
　　　（别去外面。）

（57）ဒီနေ့ မလာနဲ့(နှင့်)။
　　　di nei'ma la ne'
　　　今天　不　来　句助
　　　（今天别来。）

上面例（56）和例（57）表示禁止的否定句，是命令不要做某事的意思，汉语中可以用"不要"或"别"来表达，缅甸语句子中却没出现"ရ"，用否定词"မ"和表示禁止的句尾助词"နဲ့（နှင့်）"来表达禁止做某件事的意思。因此，我们发现表达禁止意义时汉语用"不要"或"别"，缅甸语中"……မ+动词+ရဘူး။"、"မ+动词+ရ။"和"မ+动词+နဲ့（နှင့်）။"，都能表达命令或禁止的意义。它们之间的区别是："……မ+动词+ရဘူး။"用于口语中，表示很委婉的口气；"မ+动词+ရ။"用在书面语中，表示禁止，强调的口气；"မ+动词+နဲ့（နှင့်）။"是口语体，表示很强调的口气，相当于汉语的"别"的用法。

（三）将要类"要"和"မယ်（me）、တော့（taw'）、လု（lu'）"

《现代汉语词典》（第5版）中提出"要"有"将要"的意义。比如："我们要出国旅游了。"上面分析中提出过缅甸语中能表达将要意义的有"တော့""လု""မယ်"三个词，关于"တော့""လု"的词性，各学者的看法不一，汪大年[1]和 Thant Sin Aye[2] 认为它们是强调动词的表示时态的助词，John Okell[3] 和《缅汉词典》[4] 认为是助动词。虽然大家给它们定的词性不同，但是它们的功能是跟助动词一样，从动词后面能给动词补助性，都有动作即将要发生的意义，也就是说在句子中具有助动词的功能。对于"မယ်"就不存在分歧，它是在句尾表达整个句子的时态，表示将来，未然性。汉语的"要"和缅甸语的"မယ်"都能表达未然，在未然句中出现，例如：

（58）စာဖတ်မယ်။

　　　sa phat me

---

[1]　汪大年编著：《缅甸语概论》，北京大学出版社1997年版，第326页。

[2]　Thant Sin Aye：《缅甸语动词的结构及意义》，博士学位论文，仰光大学缅文系，2008年，第118页。

[3]　Okell, John, *A Reference Grammar of Colloquial Burmese*, Part II, London：Oxford University Press, 1969, pp. 348–349, 441–445.

[4]　北京大学东方语言文学系缅甸语教研室编：《缅汉词典》，商务印书馆2000年版，第348、843页。

书　看　句助

（要看书。）

(59) ရုံးဆင်းရင် ရုပ်ရှင်ကြည့်မယ်။

　　　yon: hsin: yin yout shin kyi'me

　　　下班　　就 电影　看 句助

　　　（下班后要看电影。）

(60) ကျွန်တော် ကျောင်းသွားမယ်။

　　　kya naw kyaun: thwa: me

　　　我　　学校　去　句助

　　　（我要去学校。）

例（58）—例（60）中发现汉语"要"和缅甸语句中的句尾助词"မယ်"相对应。句中没有助动词，但是助词"မယ်"能表达将来时态。因此，缅甸语句子中虽然没有出现助动词，但是句尾助词也能表达出将来时助动词的意义，在主要动词后面给谓语动词表示肯定，让动词的意义更充实。这是缅甸语中将来时态助词的特点。

本章第二节第一大标题第五小标题的分析表明汉语中的"要……了"和"တော့""လု"相对应，都能表达将要，动作即将要发生的状态。汉语中"要"是助动词，缅甸语中的"တော့""လု"的词性说法不一，有的认为是助词，有的定为助动词。汉语中"要"本身有未然性将来时的意义，缅甸语的"တော့"和"လု"也在动词后面表达动作即将要进行了的意义。比如：

(61) ထိုင်ခုံခါးပတ်ကို သေချာစည်းထားပါ၊ လေယာဉ် ထွက်ပါတော့မယ်။

　　　（唐秀现《实用缅甸语会话》）

　　　htain gon ga bat: ko dei kha si: hta: ba, lei yin htwat pa daw'me

　　　安全带　　宾助　认真 系 好 句助 飞机 起飞　将要 句助

　　　（请系好安全带，飞机将要起飞。）

(62) ထမင်းတွေလည်း အေးကုန်တော့မယ်။ (ထွန်းသိင်္ဂီ "ကျွန်မလင်")
ht-min: dwei le: ei: gon daw'me
饭　　　也 凉掉　快要 句助
(饭都快要凉了。)

可见，汉语"要"和缅甸语"တော့"使用上比较接近，都能表达"即将""快要"的意思。表示将要义的"要"句尾往往会出现"了"，缅甸语句子的句尾也跟表示将来时态的助词"မယ်"搭配使用，这是两种语言的形式上的特点。

我们发现汉语将要类"要"可以在疑问句中使用，但否定句中不出现"要"了，而缅甸语中不管疑问句还是否定句还可以出现"တော့"，这是汉语跟缅甸语的区别之处，例如：

(63) a. ခင်ဗျား သွားတော့မလား။
kha mya: thwa: daw'ma la:
你　　　去　　要　　吗
(你要去了吗？)

b. သွားတော့မယ်။
thwa: daw'me
去　要　句助……
(要去了。)

c. မသွားတော့ဘူး။
ma thwa: daw'bu:
不　去　句助
(不去了。)

上面例（63）中汉语和缅甸语对应后发现，汉语否定用法中将要类"要"字不出现了，只说"不去了"，但是缅甸语否定句中仍然用上"တော့（daw'）"，"မသွားတော့ဘူး（不去了）"来表达否定，值得注意的是否定句中的"တော့（daw'）"也倾向于强调谓语动词的意义。汉语句子中，在必然状态下把事情确定后用实义动词来表达意义，因此不需要用"要"字。

缅甸语中"တော့"还有其他的用法，不过跟汉语的"要"不能相对应，比如：

（64）ထမင်း သွားစားတော့॥
ht-min: thwa: sa: daw'
饭　　去　吃　　语气助词
（去吃饭！）

（65）မလုပ်နဲ့တော့॥
ma lout ne daw'
不做　　语气助词
（别做了！）

上面例（64）和例（65）的"တော့"在句尾表示祈使意义，让人做某事的意义。例（65）前面加否定副词"မ"后，"မ……နဲ့တော့॥"句型就表示阻止他人继续做某事的意思。再如：

（66）အပြောကတော့ ကောင်းပဲ॥
a pyaw: ga'daw'kaun: ba'
话语　　就　　棒　语气助词
（说得太棒了！）

（67）တို့ကတော့ ဒါပဲ ကြိုက်တယ်॥
do'ga daw'da be kyait te
我　主助　就　这个 喜欢 句助
（我就喜欢这个。）

例（66）和例（67）中"တော့"表达强调意义，强调主语的意志。

第六章 汉语助动词"要"与缅甸语对应的助动词对比研究 / 179

再如：

(68) ဘယ်တော့ ပြီးမှာလဲ။
be daw'bi: hma le
什么时候 结束 疑问助词
(什么时候结束？)

例（68）中"ဘယ်（be）"跟"တော့（daw'）"搭配使用，表达询问时间的词"ဘယ်တော့（什么时候）"。因为我们要对比的是和汉语助动词"要"对应的词，所以在这里不仔细谈"တော့"的其他用法了。可见，跟汉语将要类助动词"要"相比，缅甸语的"တော့"表达丰富，位置灵活。

汉语的"要"和缅甸语的"လု"也都能表达即将的意义。但是它们的词性不同，"要"是助动词，"လု"是助词。"လု"可以说是一种古代用语，也是书面语词，"要"是中性词。表达"လု"的时候跟句尾助词"ပြီ"搭配使用。比如：

(69) နေ ဝင်လုပြီ။
nei win lu'bi
太阳 进 将 句助
(太阳即将下山。)

(70) နှင်းတွေ အရည်ပျော်လုပြီ။
hnin: dwei a yei pyaw lu'bi
雪堆 融化 将 句助
(雪堆即将融化。)

发现表示将要的"要"和"မယ်、လု"都没有否定表达。陈述肯定句的用法比较多，疑问的用法有限制。汉语句子中除了"（快）要……了吗？"形式以外没有其他的用法，缅甸语中也除了"တော့မလား（快）

要……了吗?"以外,"မယ်"和"လု"两个词都不能用在疑问句中,这是汉语和缅甸语的共同点。

总之,汉语"要"和缅甸语的"ချင် (khyin)""လို (lo)""ရ (ya′)""မယ် (me)""တော့ (daw′)""လု (lu′)"首先在义项上可以对应,在各类具体用法上还是有些异同点:

汉语中"要"能表达意志义,"想"表达意愿义,表示委婉的语气。缅甸语中意愿类助动词"ချင်"只能表达意愿义,"လို"既能表达意愿义,也能表达意志义,"လို"在句尾往往有表示礼貌的词。因此,"လို"译成汉语时不能总译成"要",而要根据语境来分别使用"要想"或者"要";否定句中汉语"要"用"不想"来否定意愿,但是缅甸语的"ချင်"和"လို"都能进入否定格式"မ……ဘူး"中表达否定意愿。

汉语必要类"要"和缅甸语的"ရ (ya′)"都有助动词的功能,都能表达必须做某事的意义。汉语否定句中表示命令不要做什么的意思,用"不要"或"别"来表达;缅甸语表示命令的否定句中没出现"ရ"字,用于口语体"မ……နဲ့ / နှင့်။",表示强硬的语气。另外,表示禁止的否定句中出现"ရ"字,口语体的"……မ……ရသူး (နော်)။"表示委婉的语气,"မ……ရ။"用于书面语,表示很强调的语气。

汉语将要类"要"和缅甸语中的句尾助词"မယ် (me)"相对应。句中没有助动词,但是助词"မယ်"能表达将来时态。这是缅甸语将来时态助词的特点。表示将要的汉语"要"和缅甸语"တော့ (daw′)"使用上比较接近,表示将要义的"要"句尾往往会出现"了",缅甸语中在句尾也跟表示将来时态的助词"မယ်"搭配使用,这是两种语言的形式上的共同特点。汉语的"要"和缅甸语的"လု (lu′)"也都能表达即将的意义。它们词性不同,"要"是助动词,"လု"是助词。表达"လု"的时候跟句尾助词"ပြီ (bi)"搭配,并更接近书面语体。

第三节　汉缅语助动词句法、语义上的对比

一　意愿类"要"和"ချင် (khyin)、လို (lo)"的句法语义共性和区别特征

上面我们讨论过汉语的"要"和缅甸语的"ချင်、လို"都能表达意愿意义，句法形式上因为两种语言的性质不同，语序上也有所差异。按照 Greenberg[①] 的语序标度来划分汉语的类型，汉语的语序类型应为：SVO/pr/GN/AN；缅甸语的语序类型应为：SOV/po/GN/AN。下面我们来对比分析汉缅语句子中助动词"要"和"ချင်、လို"的句法位置。汉语中表达意愿义的"要"在谓语动词前面，在句中充当状语，修饰后面的谓语动词，表达上强调谓语动词的动作意义，前面可以受某些副词的修饰，助动词"要"后面的部分是谓词性词语或词组。根据不同语言语序的不同，助动词的位置也有所不同，缅甸语的助动词"ချင်、လို"都位于谓语动词的后面，补充并强调谓语动词的意义，表达主语的愿望。缅甸语助动词后面往往有句尾助词，谓语动词和助动词不能分开，因此其他修饰部分都在动词前面。例如：

(1) a 我要玩游戏。
(1) b သား ဂိမ်း ကစားချင်တယ်။
　　　 tha：gei：ga za：gyin de
　　　 我　游戏　玩　要　句助
(2) a 我要见他。
(2) b ငါ သူ့ကို တွေ့ချင်တယ်။
　　　 nga thu'go twei'gyin de
　　　 我　他　宾助　见 要 句助
(3) a 我一直尝试要写一个令人恐惧的故事。（苏童《纸上的美

---

① 吴为章：《语序重要》，《中国语文》1996 年第 6 期。

女》)

(3) b ကျွန်တော်က လူတွေကြောက်မယ့် ဇာတ်လမ်းတစ်ပုဒ်ကို
kya naw ga'lu dwei kyaut me'zat lan: da bout ko
我　　主助　人们　　害怕　　故事　一个　宾助①②
စမ်းသပ်ရေးချင်နေတာ။
san: thet yei: gyin nei da
式着　　写　要　正在　句助

  汉语中包含助动词的句子语序为"主语+助动词+谓语+宾语",助动词"要"都在动词前面充当状语;缅甸语中包含助动词的句子语序为"主语+(主语助词)+宾语+(宾语助词)+谓语动词+助动词+句尾助词",缅甸语中助动词"ချင်"都是在动词后面,"ချင်"分别在"ကစား(玩)"、"တွေ့(见)"、"ရေး(写)"谓语动词的后面补助,表达主语"သား(我:男孩自称)"、"ငါ(我)"、"ကျွန်တော်(我)"的动作或愿望。例(1)b和例(2)b助动词"ချင်"后面都跟表示现在时的句尾助词口语体"တယ်"搭配使用,书面语用"သည်"。例(3)b句尾的"နေတာ"表示叙述某事情的口语体句尾助词,表示正在进行时态。缅甸语中句尾助词能表示时态、感情色彩等。这一点区别于汉语的"要"句,因为汉语没有句尾助词,汉语的"要"始终具有将来时态。

  肯定句中汉语助动词的位置比较灵活,助动词和谓语之间可以有其他成分。不过缅甸语中不管是单句还是复句或者是词组,助动词都在谓语动词的后面,也就是在句尾助词前面的位置。例如:

(4) a 我要和你在一起。(苗月《心归何处》)
(4) b ကျွန်မ ရှင်နဲ့အတူနေချင်တယ်။
   kya ma'shin ne'a tu nei gyin de

---

① 注:"宾助"指"宾语助词"。表示动作涉及的对象或承受者,一般在直接宾语后用。
② 汪大年编著:《缅甸语概论》,北京大学出版社1997年版,第374页。

第六章 汉语助动词"要"与缅甸语对应的助动词对比研究 / 183

　　　　　我　　你在一起　住要　句助
(5)a 在拍了几张照片之后，他突然提出来要和我合影。（吉及《法濡者的悲剧》）

(5)b ဓာတ်ပုံသုံးလေးပုံရိုက်ပြီးတော့ ငါ့နဲ့အတူရိုက်ချင်တယ်လို့

dat pon thon: lei: bon yait pi daw'nga ne a tu yait khyin de lo'

　照片　三四张　拍　之后　跟我一起　　拍　要 连词

သူက ရုတ်တရက် ပြောလာတယ်။

thu ga'yout ta yet pyaw: la de

他　突然　　讲出来　句助

(6)a 她母亲要给她们找一个好好的女佣人。（朱自清《阿河》）

(6)b သူတို့မေမေက သူတို့အတွက် အိမ်အကူအမျိုးသမီး

thu do'meimei ga'thu do'a twet ei a-ku a myo: tha mi:

她们的　母亲 主助 她们　为了　　佣人　　女

ကောင်းကောင်း တစ်ယောက်လောက် ရှာပေးချင်တယ်။

kaun: kaun:　ta yaut laut　shapei: khyin de

好的　　　　一个　　　　找给　要 句助

　　上面例(4)a至例(6)a中助动词"要"和谓语动词中间出现其他成分，如"要和你在一起""要和我合影""要给她们找"；译成缅甸语后发现缅甸语的助动词还是在主要动词和句尾助词中间，分别是"နေချင်တယ်（要住）"、"ရိုက်ချင်တယ်（要拍）"、"ရှာပေးချင်တယ်（要找）"。

　　在否定句中汉语意愿类助动词"要"用"不想""不愿意"或"不打算"来否定；但缅甸语的否定句中还是用助动词"ချင်"。缅甸语助动词的否定形式一般是助动词前面加否定副词"မ（ma'）"和句尾助词"ဘူး（bu:)"连用的格式，如"မ（否定副词）＋谓语动词＋助动词＋ဘူး（句尾助词）"来表达否定形式，比如：

(7)a 我不想吃肯德基。

(7)b ငါ ကေအက်ဖ်စီ မစားချင်ဘူး။

　　　nga KFC ma saː gyin buː

　　　我 肯德基 不 吃 想 句助

(8)a 妹妹每天不愿意去学校。

(8)b ညီမလေးက နေ့တိုင်းပဲ ကျောင်းမသွားချင်ဘူး။

　　　nyi ma leiː gaʼneiʼdainː be kyaunː ma thwaː gyin buː

　　　妹妹　　主助　每天　　　学校　不去　想　句助

(9)a 我不想嫁给一个没有工作的人。(《中国北漂艺人生存实录》)

(9)b အလုပ်မရှိတဲ့သူတစ်ယောက်ကို ကျွန်မ လက်မထပ်ချင်ဘူး။

　　　a lout ma shiʼde thu ta yaut ko kya maʼ let ma htet khyin buː

　　　工作 没有　的人 一个 宾助 我 嫁不 想 句助

汉语中用"不想"和"不愿意"来否定说话人的意愿，如例（7）a 至例（9）a；但是缅甸语中意愿的否定表达都用"မ+动词+ချင်+ဘူး"句式，如例（7）b 至例（9）b。因此，意愿类助动词否定形式上汉语和缅甸语有较大的区别。汉语句子的意愿类否定形式中不能用"要"，缅甸语仍然可以用"ချင်"。因为缅甸语的"ချင်"语义上表达说话人心里产生的一种意愿，愿意做某件事，所以在肯定和否定句中都可以出现"ချင်"。"要"跟"ချင်"语义上都能表达意愿义，但同中有异。"要"表达的意愿更接近于现实，也能表达意志性，本章第二节第二大标题第一小标题中提出过"ချင်"和"လို"的区别，一般情况下表达说话人的意愿时二者的肯定和否定句法语义都一样，只有口语和书面语表达之别。不同的是"ချင်"没有意志性，只能表达心里的意愿，"လို"可以表达意志义，因此"လို"在一定的条件下跟"要"可以相对应。表达意愿义的"လို"在否定句中

第六章　汉语助动词"要"与缅甸语对应的助动词对比研究　／　185

除了跟"ချင်"一样可以进入"မ＋动词＋လို（助动词）＋ဘူး"格式以外，还有另外的否定表达形式，即主要动词和否定副词"မ（ma′）"中间加一个表示目的和将要做出的动作的助词"ဖို့（pho′）"连起来用，比如"动词＋ဖို့＋မလိုဘူး"，这种情况下"လို"在语义上不能表达"意愿"，而是需要的意思，词性也变成"动词"了。这种句子常用在口语中，带点不客气的语气。值得注意的是如缅甸语中谓语动词和助动词之间有其他成分的话，助动词就不能继续充当助动词了，而是变成了动词，这是跟汉语助动词不同的特点，比如：

（10）နင် လုပ်ဖို့ မလိုဘူး။

　　　nin lout pho′ma lo bu:
　　　你　做　助词　不　需要　句助
　　　（你不必做。）

（11）ခင်ဗျား မေးဖို့ မလိုပါဘူး။

　　　kha mya: mei: bo′①ma lo ba bu:
　　　你　　　问　助词　不用　句助
　　　（你不用问。）

（12）သူတို့ကိစ္စ သူတို့ ရှင်းပစေ၊ ကျုပ်တို့ သွားဖို့ မလိုဘူး။

　　　thu do′keit sa′thu do′shin: ba zei kyout to′thwa: bo′ma
　　　lo bu:
　　　他们的　事情　他们　解决　语气助词　我们　去参与　助词
　　　不必　句助
　　　（他们的事让他们自己解决，我们不必参与。）

例（10）至例（12）的"လို"都表示需要，在"动词＋ဖို့＋မလိုဘူး။"复句格式中表达"不必、不用、不需要"的意义，所以我们看缅甸语的"လို"和汉语的"要"在否定句中的语义和表达很接近。因为汉语的"不

---

①　注："ဖို့（pho′）"在话语当中由清音变成浊音"bo′"。

要"也能表达"不必、不用、不需要"的意思。否定句中"要"和"လို"有同有异,表达意愿时"要"和"လို"有区别,"要"不能直接用"不要"来表达否定意愿,"လို"则可以表达否定意愿;表达必要时二者可以相对应。缅甸语的"ချင်"在肯定和否定句中的语义都跟汉语助动词"想"接近。

二　必要类"要"和"ရ（ya'）"的句法语义共性和区别特征

本章第二节第二大标题第二小标题提出过汉语助动词"要"和缅甸语助动词"ရ"的用法,一般情况下二者的意义和用法都很相似,二者都是助动词词性,都能表达必要意义,必要类"要"句都能译成"ရ"。本节继续讨论二者的句法语义共性和区别特征,《现代汉语八百词》提出"要"有"需要、应该"的意义,例如：

(13) a 借东西要还。（《现代汉语八百词》）
(13) b ပစ္စည်းငှား ပြီး ပြန်ပေးရမယ်။
   pit si: hnga: pi: pyan pei: ya'me
   东西　借了　还给　　要 句助

(14) a 水果要洗干净才能吃。
(14) b သစ်သီးကို ရေစင်အောင် ဆေးပြီးမှ စားရမယ်။
   thit thi: go yei sin aun hsei: pi: hma'sa: ya'me
   水果　宾助 干净　　洗完　才 吃 要 句助

(15) a "是,从现在起,你每天都要注射。"（王朔《永失我爱》）
(15) b ဟုတ်ပါတယ်၊ အခုကစပြီး ခင်ဗျား နေ့တိုင်း ဆေးထိုးရမယ်။
   hout ba de, a khu'ga'sa'pi: kha mya: nei'dain: sei: hto: ya'me
   是的,　　从现在起　　　你　　每天都　药 射
   要 句助

(16) a 丧事完毕,父亲要到南京谋事,我也要回北京念书,我们便同行。（朱自清《背影》）

(16) b အသုဘကိစ္စပြီးနောက် အဖေက နန်းကျင်းကို

a′thu′ba′keit sa′pi: naut a phei ga′nan: kyin: go

　　丧事　　　　办完后　父亲　主助　南京　宾助

အလုပ်ကိစ္စနဲ့ သွားရမယ်၊ ကျွန်တော်ကလည်း ပေကျင်းပြန်ပြီး

a lout keit sa′ne′thwa: ya′me, kya naw ga′le pei kyin: pyan bi:

为了工作　　　去　要 句助 我　　　也　北京　回
连词

စာဖတ်ရမယ်၊ ကျွန်တော်တို့ ဒီလိုနဲ့ ခရီးဆက်ကြတယ်။

sa phat ya′me, kya naw do′di lo ne kha yi: hset kya′de

书　读　需要 句助　我们　　 就这样　行走　继续
句助

例（13）a 至例（16）a 的"要"都在"还""洗""到（南京）""回（北京）"动词谓语前面充当状语，助动词"要"的位置有所不同，例（13）a 和例（15）a"要"在句尾，例（14）a 和例（16）a"要"在句中位置。语义上分别表示必要做，需要这样做，只能这样做等的客观现象。例（13）a 表示借东西必须要还，例（14）a 表示水果需要先洗再吃，例（15）a 表示需要每天注射，例（16）a 表示父亲和我都不得不、需要同行的意思。

例（13）b 至例（16）b 缅甸语句子跟汉语不同的是缅甸语助动词"ရ"都在动词谓语后面，句中的位置不变，都在句尾助动词"မယ်"的前面，例（14）b 和例（16）b 复句中的"စားရမယ်（要吃）"、"သွားရမယ်（要去）"、"ဖတ်ရမယ်（要读）"也是在每个单句的句尾位置上。语义上都表示必须要做这些动作，例（13）b "ပစ္စည်း（东西）""ပြန်ပေးရမယ်（要还）"，例（15）b "ဆေးထိုးရမယ်（要注射）"，例（16）b "နန်းကျင်း（南京）""သွားရမယ်（要去）"和"စာ（书）""ဖတ်ရမယ်（要读）"。发现例（14）b 跟汉语不同，汉语中助动词"要"修饰后面谓语动词"洗"，缅甸语中助动词"ရ"修饰的谓语动词是"စား（吃）"，在句尾表示"စားရမယ်（要吃）"，两种语言中虽然谓语动词指向不同，但是宾语都是指"သစ်သီး（水果）"，分别表示"要洗水果"和"要吃水果"。

否定句中汉语必要类"要"和缅甸语"ရ（ya'）"都能表达出"不要、不必、不许"等意义。我们看看两种语言中不同的否定形式，例如：

(17) a "姑娘呵！不要怕我，不要跳，——海水是会淹死人的。"（冰心《海上》）

(17) b ကလေးမရေ၊ ငါ့ကို မကြောက်နဲ့၊ မခုန်ချနဲ့——
　　　 ka lei: ma yei, nga' go ma kyaut ne', ma khon khya'ne'—
　　　 小姑娘 语气词 我 宾助 别怕　　　别跳—

ပင်လယ်ရေက လူကိုနစ်မြှုပ်ပြီး သေစေနိုင်တယ်။
pin le yei ga' lu go nit myout bi: dei sei nain te
海水 主助 人 宾助 淹 连词 死 使 助动 句助

(18) a 领导说："你们年轻轻的，先不要谈恋爱。"（王朔《浮出海面》）

(18) b "ခင်ဗျားတို့ ငယ်ငယ်ရွယ်ရွယ်နဲ့ ရည်းစား မထားကြပါနဲ့ ဦး။"
　　　 kha mya: do'nge nge ywe ywe ne'yi: sa: ma hta: kya'ba ne'on:
　　　 你们　 年纪轻轻的　　　　　 对象 别 找　 句助

လို့ အထက်လူကြီးက ပြောတယ်။
lo'a htet lu gyi: ga'pyaw: de
连词 领导 主助 说 句助

例（17）a 和例（18）a 汉语句中用"不要"来表达否定谓语，在某种条件下命令听话人不许做这个动作："不要怕""不要跳""不要谈恋爱"；但例（17）b 和例（18）b 缅甸语中用"မ（否定副词）+谓语+နဲ့（နှင့်）（语气助词）"来命令听话人"မကြောက်နဲ့（别怕）""မခုန်ချနဲ့（别

第六章　汉语助动词"要"与缅甸语对应的助动词对比研究　／　189

跳）""မထားပါနဲ့［别谈（恋爱）］"。缅甸语中表达命令的否定形式还是在句尾位置，但是必要类助动词"ရ"不在这样的对话情景中出现。因此，汉语和缅甸语在这种情况下不能对等。再如：

(19) a 不要大声喧哗。
(19) b ကျယ်လောင်စွာ အော်ဟစ်ပြောဆိုခြင်း မပြုရ။
　　　 kye laun swa aw hit pyaw: hso gyin: ma pyu'ya'
　　　 大声　　　　　喧哗　　　　　不做　助词

(20) a 不要随地吐痰。
(20) b တံတွေး မထွေးရ။
　　　 da dwei: ma htwei: ya'
　　　 痰　　 不吐　 助词

(21) a 不要浪费水。
(21) b ရေ မဖြုန်းရ။
　　　 yei ma phyon: ya'
　　　 水　不浪费　助词

例（19）至例（21）中汉语句子 a 的否定词"不要"在句首，缅甸语句子 b 句的否定词组"မ + 谓语动词 + ရ"位置不变，还是在句尾位置上。但是汉语和缅甸语不同的是否定句表达命令或不允许的意义时，汉语句子中"要"还是助动词，但缅甸语句子中的"ရ"却充当句尾助词，例（19）至例（21）都在语义上表达"禁止或不允许"，缅甸语中主要是在公告性表达时用"မ + 谓语动词 + ရ"形式。因此，这种情况下汉语和缅甸语不一样。再如：

(22) a 这个不要这样做，你先看别人怎么做。
(22) b အဲဒီဟာက အဲလို မလုပ်ရဘူး၊ မင်း တခြားလူတွေ
　　　 e di'ha ga'e lo ma lout ya'bu:, min: ta khya: lu dwei
　　　 这个　主助　这样 不做 要 句助　你　别人

ဘယ်လိုလုပ်လဲ အရင်ကြည့်ကြည့်ပါဦး။
be lo lout le a yin kyi'kyi'ba on:
怎么 做　先　看看　　句助

(23) a 小笼包不要吃大口，先咬一个小洞，再吸一下里面的汤。

(23) b ရောင်လုံပေါင်းကို အလုတ်ကြီး မစားရဘူး၊ အပေါက်သေး
Xiao longbao go a lout kyi: ma sa: ya'bu:, a paut thei:
小笼包　宾助　大口　不吃　句助　洞　小

သေးလေး အရင်ကိုက်လိုက်၊ ပြီးရင် အထဲကဟင်းရည်ကို စုပ်လိုက်။
thei: lei: a yin kait lait, pi: yin a hte: ga'hin: yei go sout lait
小的　　　先　咬掉　　然后　里面　汤水　宾助
吸出来

例（22）a 和例（23）a 中"不要"表示不该的意思，例（22）b 和例（23）b 缅甸语中表达某种方式不对而不该这样做的意思。汉语中用助动词"要"来否定这些动作；缅甸语中也在"မ……ဘူး"否定格式中用助动词"ရ"来表达不该做而别做的意义，比如："မလုပ်ရဘူး（不要做）""မစားရဘူး（不要吃）"。因此在某种情况下表达不应该这样做时汉语和缅甸语都能对应表达。

可见，必要类"要"和"ရ"在肯定句句法和语义上差别不大，在否定句中有同有异。

三　将要类"要"和"တော့（taw'）、လု（lu'）"的句法语义共性和区别特征

本章第二节第二大标题第三小标题分析将要类词语的用法时提出过跟汉语"要"意义相等的缅甸语词语有"မယ်""တော့"和"လု"三种，不过"မယ်"是表示将来时态的句尾助词，它的作用是在句尾位置上表达将来时的意义，因此本节不展开谈"မယ်"了。《现代汉语词典》《现代汉语八百词》都提出现代汉语中表达将要义的"要"是助动词，有的也认

第六章　汉语助动词"要"与缅甸语对应的助动词对比研究　/　191

为是副词。但是"要"确实有将要意义的语义功能，所以我们把汉语和缅甸语中的能表达将要义的词语作为对比对象，来研究不同语言词语之间的句法和语义共性和区别特征。例如：

(24) a "再过不久，我要走了。"（琼瑶《幸运草》）
(24) b ခကနေရင် ငါ သွားတော့မယ်။ ①
    kha na′nei yin nga thwa: daw′me
    不久　　就　我　走　要　句助
(24) c? မကြာခင် ကျွန်တော် သွားလုပြီ။ ②
    ma kya khin kya naw thwa: lu′bi
    不久就　　我　　走　几乎　句助

(25) a 麦子眼看就要割完了。（《现代汉语八百词》）
(25) b ခကနေရင် ဂျုံပင်တွေ ရိတ်ပြီးတော့မယ်။
    kha na′nei yin gyon bin dwei yeit pi: daw′me
    眼看　　　麦子　　　割　完　要　句助
(25) c များမကြာမီ ဂျုံပင်များ ရိတ်ပြီးလုပြီ။
    mya: ma kya mi gyon bin mya: yeit pi: lu′bi
    眼看　　　麦子　　　割　完　几乎　句助

(26) a 他快要毕业了。（《现代汉语八百词》）
(26) b သူ ကျောင်းပြီးတော့မယ်။
    thu kyaun: pi: daw′me
    他　毕业　　要　句助
(26) c သူ ကျောင်းပြီးလုပြီ။
    thu kyaun: pi: lu′bi
    他　毕业　　即将　句助

---

① 注：例 b 都翻译成口语句子。
② 注：例 c 都翻译成书面语句子，同样意思翻译出来的词语根据语体差异而不同，比如："ငါ（口语'我'）"和"ကျွန်တော်（书面语'我'）"，"ခကနေရင်（口语'不久'）"、"မကြာခင်（书面语'不久'）"等。

例（24）a 至例（26）a 汉语句子中的"要"都在动词前面作状语，句尾往往跟助词"了"搭配使用，语义上表达将要发生了的意思。比如例（24）a"要+动词+了"，例（25）a"就要+动词+了"，例（26）a"快要+动词+了"，每个句法形式的句尾都有表示变化的助词"了"。例（24）a 表达主语"我"将要走了，例（26）a 表示主语"他"即将要毕业了的情况。例（25）a 主语是"麦子"，句中表达麦子马上就要被割完了，动作几乎要结束的意思。句法上，在"要+动词+了"格式的基础上，"要"前再加上表示事情发生得早的副词"就"和表示速度高、时间短的副词"快"，语义上对将要义更有强调性。句子中也会出现时间词"再过不久""眼看"等。那么"要"字在这样的格式中往往表达某种情况快要发生的意义。

我们看看例（24）b 到例（26）b 缅甸语句中"တော့（daw'）"位于动词"သွား（走）""ကျောင်းပြီး（毕业）"、"ရိတ်သိမ်းပြီး（割完）"的后面，"တော့"表达这些动作即将要进行的时态。句尾跟表示将来时态的助词"မယ်"搭配使用，强调整个句子是未然句。可见，缅甸语"တော့"句跟汉语"要/快要/就要……了"句法和语义表达上很相似。其中例（24）c 在日常交际中一般不使用，因为"ကျွန်တော်（我）"跟"သွားလုပြီ။（要走了）"不太适合搭配使用，动词"သွား"和"လု"在一起一般不表达自己。如果换成第三人称"သူ（他）"，如"သူ သွားလုပြီ။"更通顺，意义上增加了猜测"估计他要走了"。如果换成另外的谓语动词也可以成立，如"ကျွန်မ အလှပြင်တာ ပြီးလုပါပြီ။（我快要化完妆了）"。例（25）c 和例（26）c 都成立，但是例（26）c 中出现第三人称代词后，多了估计的意义"သူ ကျောင်းပြီးလုပြီ။（他可能要毕业了）"这样的意思。因此"လု"跟人称代词不能自由搭配，"လု"主要指情况即将发生，句尾跟助词"ပြီ"搭配使用。"တော့မယ်"和"လုပြီ"都能表示即将、将要的意思，但是针对性不同，用"တော့မယ်"时不管哪类动词都可以跟主语人称代词搭配，确定主语的动作将要发生，但是用"လုပြီ"时要看动词和人称代词的搭配，

"လု"主要表示某种情况快发生了或者离目的地很近了的情况。因此，例（24）c至例（26）c这些主语是第三人称代词的"လု"句子都跟汉语将要类"要……了"句不能直接独立对等看待了，而且现代缅甸语口语中"တော့"比"လု"更说得通。

可见，句法结构上由于两种语言语序不同，助动词的位置有所不同：汉语的助动词在谓语的前面充当状语；缅甸语的助动词在谓语后面，助动词后面接句尾助词。汉语助动词的宾语属于谓词性；按照缅甸语的语序，宾语在谓语的前面，因此助动词后面只有句尾助词。此外，缅甸语句子始终有句尾助词，这是缅甸语的句法特征中比较特殊的现象。

汉语的助动词否定形式是"不+助动词"；缅甸语的否定形式基本上是"မ（ma'）+动词+助动词+ဘူး（bu:）"形式。二者在否定用法上有差异，尤其是汉语意愿类"要"的否定用法，不能直接用"不要"来否定，缅甸语中可以用原义词"ချင်（khyin）""လို（lo）"来否定意愿义。对必要类而言，两种语言的用法很相似，汉语中用"不+要"来否定，缅甸语中也可以用"မ+动词+ရ+ဘူး"来表达否定。二者的表达意义也一样，都有"禁止或命令"的意义。这是两种语言的共性特征。不过缅甸语的必要义助动词"ရ（ya'）"否定表达比较丰富，有几种形式。汉语将要类"要"和缅甸语"တော့（taw'）"在语义上基本都可以对应。从语义平面上看，汉缅语两种语言几乎都可以对应。不过分析可见，缅甸语中有些词的意义比较丰富，由于语境和句子成分的不同而产生不同的意义。

第四节　汉缅语助动词语用上的对比

一　意愿类"要"和"ချင်（khyin）、လို（lo）"语用共性和区别特征

汉语"要"与缅甸语的"ချင်"和"လို"都能表示愿意做某事的意义，语义上都有着各自的特点，那它们在语用表达上有什么异同，在交际过程中怎么用这些词语呢？我们首先考察汉语"要"在汉语言环境中如何表达和有什么语用特征，同时考察"ချင်、လို"在缅甸语言环境中的表达特征，找出两种语言同一个义项的词语在语用上的共性和区别特征。为

了方便考察它们之间的异同，我们在情景对话中看看。例如：

(1)a 同学甲：我要去图书馆，你要去吗？
　　　同学乙：好啊，我也正想去呢，一起去吧。

(1)b A: ငါ စာကြည့်တိုက် သွားမလို့၊ နင်ရော သွားမလား။
　　　　nga sa kyi'dait thwa: ma lo', nin yaw: thwa: ma la:
　　　　我　图书馆　　　去　　　你也　　去　　吗

　　　B: ကောင်းသားပဲ၊ ငါလည်း သွားချင်နေတာ၊ အတူ သွားမယ်လေ။
　　　　kaun: da: be, nga le thwa: gyin nei da, a tu thwa: me lei
　　　　好啊，　　　我也去　想　　正　一起去　语气助词

例（1）a 的情景对话中，汉语的"要"用来表达说话人的意愿或要求，例（1）是同学之间的对话，"同学甲"先提出自己的打算"我要去图书馆"，再问"同学乙"的意愿"你要去吗？"。"甲"前后两句话都分别用"要"来表达自己的愿望和询问对方的意愿。"乙"回答时用"想"来表达自己也愿意去图书馆。因为"乙"去图书馆的意向还没成熟，"甲"是决定去了以后才来叫"乙"，因此，对话中"甲"用"要"来表达肯定的语气。例（1）b 缅甸语对话中说话人"A"先表达自己要去图书馆，话语中没有一个意愿义的词"ချင်"或"လို"出现，用"သွားမလို့(要去)"来表达自己的愿望，"မလို့"是表示目的的强调谓语意义的助词，第二句用"သွားမလား（去吗）"来提问，"မလား"是未然句疑问助词；听话人"B"回答时，用"သွားချင်နေတာ（正想去）"来表达自己的意愿，用上"ချင်"字。可见，汉语对话中确定好自己的意愿时用"要"来表达，还在考虑当中用"想"来表达自己的意愿。例（1）b 缅甸语也是在同一个情景下的对话，发现缅甸语中表达意愿义的词在实际交际过程中不一定说出来，也能表达意愿。再看另一种情景对话，如：

(2)a 女儿：妈妈，我要买新校服，给我买吧。

第六章 汉语助动词"要"与缅甸语对应的助动词对比研究 / 195

　　　　母亲：现在的还好着呢。

(2) b သမီး။ ။မေမေ၊ ကျောင်းဝတ်စုံအသစ် လိုချင်တယ်၊ ဝယ်ပေးပါနော်။
　　　　da mi: meimei, kyaun: wit son a thit lo gyin te,
　　　　女儿　妈妈　　校服　　　　新的　要 想 句助
　　　　wepei: ba naw
　　　　买 给　语气助词

　　　　မိခင်။ ။အခုဟာက အကောင်းချည်း ရှိနေသေးတာကို။
　　　　mi'khin a khu'ha a kaun: gyi: shi'nei thei: da go
　　　　母亲　　这个　　　好　　　　着呢　　　还　句助

　　例（2）是母女之间的对话，a 句汉语中女儿提出自己的意愿"要买新校服"，这句话应该用"想"来表达，因为用"要"时语气比较硬，听起来也有不太礼貌的感觉。但是对话中的角色是母亲和女儿，她们之间的关系已经很亲切，所以用"要"来表达也可以接受。可见，汉语中如果跟不熟悉的人或者长辈对话时不该用"要"来请求自己的愿望。b 句缅甸语环境中这种情景下，根据前后的对话过程，前一句不说"ဝယ်မယ်（要买）"，因为后一句说"ဝယ်ပေးပါနော်（请给我买）"有了"ဝယ်（买）"字。因此，第一句是先提出自己的愿望，即说出意愿"လိုချင်တယ်（想要）"，在动词"လို（意愿）"后面加上助动词"ချင်（想）"，"လိုချင်（想要）"两个字一起出现后表达上很明显是一种愿望，也有委婉的语气。可以看出，缅甸语中用的词比较自由，如果交际双方都理解的话，就不需要用直接意义的词语来表达。再如：

(3) a 奶奶：孩子，我想去趟寺庙。
　　　孙子：好啊，奶奶，我要陪您去。

(3) b အဘွား။ ။သားရေ၊ ဖွား ဘုရားကျောင်း သွားချင်လို့ကွယ်။
　　　a phwa: tha: yei, phwa: ba ya: kyaun: thwa: khyin lo'kwe
　　　奶奶　孩子　奶奶　　寺庙　　　　去　想 语气助词

မြေး ။ ကောင်းတာပေါ့။ ဖွားဖွား ကျွန်တော် အဖော်လိုက်ပေးမယ်လေ။
myei: kaun: ta paw', phwa: phwa: ky-naw a phaw lait pei:
孙子　　好啊　　　奶奶　　　我　　　陪
me lei
要 语气助词

例（3）是奶奶和孙子的对话，a 句汉语对话中奶奶先提出她的愿望"要去寺庙"，孙子听到后马上回话"要陪您去"。这上下对话中都能用"要"来表达各自的意愿，对话中虽然角色是长辈和晚辈，但是在这种情景下孙子用"要"来积极地表达他的愿望是很恰当的，"要"表达强调的语气。b 句缅甸语中奶奶提出自己的愿望"ဘုရားကျောင်း သွားချင်လို့ကွယ် （想去趟寺庙）"时用"ချင်"来表达愿望，"လို့"表示目的，句尾有委婉的语气助词"ကွယ်"，孙子的回话中没出现意愿义助动词，但是"အဖော်လိုက်ပေးမယ်လေ （陪您去）"话语中出现肯定的语气"မယ်"，句尾的助词"လေ"，都表示委婉的口气，整个话语中有愿意陪奶奶去寺庙的意义。

可见，汉语和缅甸语在语用上有些区别，一般日常交际中表达意愿时汉语语境下往往会出现意愿义助动词"要"或"想"，能表达说话人的实际意愿；缅甸语句中不一定出现表示意愿的助动词，也能理解对话的目的，助动词"ချင်"出现的情况比较多，实际交际过程中"လို့"字很少出现，它是一种书面语，现代口语中大部分都用"ချင်"来表达自己的意愿。所以，缅甸语中语义和语用不能对等处理。汉语的"要"表示肯定的语气，缅甸语中的句尾助词"မယ်"也有这样的功能，可见，缅甸语词语在语用表达上比较灵活。

二　必要类"要"和"ရ（ya'）"语用共性和区别特征

必要类助动词"要"能表达"须要、应该"等意思，缅甸语中的"ရ"也有"必须、不得不、只好、得到、获得"等意义，语用平面上汉

第六章　汉语助动词"要"与缅甸语对应的助动词对比研究　/　197

语和缅甸语有什么共性和区别呢？为了考察交际过程中的应用，我们选择情景会话中的问答句，从中来考察不同语言在同样的语言环境中怎么使用，发现它们在实际交际中的异同和特征。例如：

(4) a 甲：坐飞机要不要买保险？(《新华社 2004 年新闻稿》)
　　　乙：可以不买。

(4) b A1：လေယာဉ်စီးတာ အာမခံ ဝယ်ဖို့ လိုပါသလား။
　　　　　lei yin si: da　a ma'khan we bo'lo ba tha la:
　　　　　飞机　坐　　保险　　　买　需要　吗

　　　A2：လေယာဉ်စီးတာ အာမခံ ဝယ်ရမလား။
　　　　　lei yin si: da a ma'khan we ya'ma la:
　　　　　飞机　坐　保险　　　买要　　吗

　　　B：မဝယ်လည်း ရပါတယ်ရှင်။
　　　　　ma we le ya'ba de shin
　　　　　不 买 也 可以　　语气助词

　　例（4）是涉及在航空公司打听买机票时需要不需要买保险的情景对话，汉语中说话人用"要不要"正反疑问形式来提问，咨询听话人的意见，说话的口气是一般语气。工作人员回答有选择性的答案"可以不买"。我们来分析对话中的特点，旅客提问时用"要不要"来提问，回答时没有用上"要"或者"不要"的答案，证明实际交际中我们从动态的情况来完成这个对话。双方得到有用的信息才是比较重要的，因此，工作人员答复"不买也可以"的意思，让旅客自己来选择买不买保险。

　　这种情景对话中，缅甸语语言环境有几种说法：一种是例（4）b 中 A1 那样的用比较礼貌的表达法，在正式场合上的问法"ဝယ်ဖို့ လိုပါသလား။（需要买吗？）"，另一种是例（4）b 中 A2 那样的一般对话中的提问"ဝယ်ရမလား။（要买吗？）"，工作人员回答时表达上必须带礼貌的口气，说出"မဝယ်လည်း ရပါတယ်ရှင်（不买也可以的）"，话语中看到表示礼貌的助词"ပါ"和句尾的表示对对方客气的尊敬的语气词"ရှင်（shin）"。缅甸语实际会话中，在正式的场合上一般很少用正反疑问形式来提问，很熟悉的人之间可以用"ဝယ်ရမလား၊ မဝယ်ရဘူးလား။（要不要买？）"来提问，那时候说话人希望听话人答出"要"或者"不要"的确切的答案。因此，交际对象不同，提问的方法也有所不同。使用词语的区别上，在这种场合上汉语中用助动词"要"来询问需要不需要买的问题，缅甸语中第一句没出现表示必须的助动词"ရ"，用上了实义动词需要义的"လို"。第二种问法，例（4）b 中 A2 用助动词"ရ"来提问。工作人员的回答"ရပါတယ်ရှင်။（可以的。）"中"ရ"表示允许、能够的"可以"，不是必要义"ရ"。可见，缅甸语中同一个词能承担不同意义和不同用法。这样的区别在实际交际会话中才能看得更清楚。再看下面的例子：

(5) a 孙小姐："包裹外面要不要写他姓名等等呢？"（钱锺书《围城》）

鸿渐："也不要写，他拆开来当然心里明白——"

(5) b ပါဆယ်ပေါ်မှာ သူ့နာမည်တွေဘာတွေ ရေးလိုက်ရမလားဟင်။

pa sebaw hma thu'na me ba dwei yei: lait ya'ma la: hin
包裹　外面　　他的名字　等等　写下去需要吗　语气词

ရေးဖို့ မလိုပါဘူး၊ သူ ဖွင့်လိုက်တာနဲ့ သဘောပေါက်မှာပဲ။

yei: bo'ma lo ba bu: thu phwin'lait ta ne tha baw: paut hma be
写　　不用　　他　拆开　　就　　明白
　　　　　　　　　　　　　　　　句助

例（5）是钱锺书的小说《围城》中方鸿渐和孙小姐的对话，孙小姐提问"要不要写他名字等等"，虽然用"要"字提问，但表达很温柔，因为在句尾用了语气助词"呢"，把整句话都变成委婉的语气。鸿渐回答"也不要写"，对话上下句都用"要"来表达必要和不必要的意思。这里的对话中方鸿渐的回答"不要写"有两种可能的含义：不必要写和直接建议不要写了。根据前面的副词"也"和后面接的话来看，"不要写"这句话的意思更可能是"不需要写",这种场合是鸿渐给孙小姐提建议的,所以没有命令的语气。还可以说,因为后面接的话"他拆开来当然心里明白——"中表示接收包裹的人一看就知道怎么回事,因此不需要写名字。因此,汉语中助动词"要"在交际对话中能出现在肯定句、否定句和疑问句中。

这个对话在缅甸语语言环境中跟汉语有点不同,女的问"ရေးလိုက် ရမလား။(要写上去吗?)"的时候,问话中不只问需要不需要的意思,还包含请求意见的意思,句尾的语气词"ဟင်(hin)"表示强调疑问的语气。男的答案中用"ရေးဖို့ မလိုပါဘူး(不必写)"否定语气来肯定不必要写,这里用上动词"လို(需要)",因为用助动词"ရ"来否定时往往有命令或禁止的意思,不能出现在这种场合的对话中,如:"မရေးရဘူး(不要写或别写)""ရေးလို့မရဘူး(不能写或不可以写)"。可见,汉语中问答句可以用助动词来解决的情况,缅甸语语境却不能用,因此缅甸语助动词有时候在实际语言环境中不能以一问一答的形式来运用。

"ရ"在不同语言环境中还有其他的用法,例如:

(6) ဒီဆေးကို ဘယ်လို သောက်ရမလဲ။(唐秀现《实用缅甸语会话》)

di sei: go be lo thaut ya'ma le
这药 宾助 怎么 吃 助动词 疑问助词
(这药怎么吃呢?)

(7) ဒီကိစ္စကို ဘယ်လို ဖြေရှင်းရမလဲ။

di keit sa'go be lo phyei shin: ya'ma le
这 事 宾助 怎么 解决 助动词 疑问助词
(这件事怎么解决呢?)

例(6)和例(7)是询问某种事情的情景,缅甸语中谓语动词"သောက်(喝)"和"ဖြေရှင်း(解决)"后面接助动词"ရ",询问某种方法的时候再加疑问词"ဘယ်လို(怎么)",谓语动词后面"ရ"和句尾的疑问词"မလဲ"一起搭配提问，这里的"ရ"表示应该的意义，有强调的口气。汉语中不用任何助动词，只用疑问词"怎么"来提问就明显地表达出询问某种方法的意义。

可见，缅甸语中用助动词才能表达出完整意义的句子，在汉语中却不用助动词也能表达出同样的意思。这是两种语言语用方面的区别特征。

三 将要类"要"和"တော့（taw'）、လု（lu'）"语用共性和区别特征

汉语助动词"要"和缅甸语词语"တော့"、"လု"都能表达"将要、快要"的意义。我们从语料中找出一些对话内容，考察看看在一定的语境交际过程中两种语言同样意义的词语的不同交际效果，找出它们之间的共性和区别。例如：

(8) a 紫菱："你要走了吗？"（琼瑶《一帘幽梦》）

费云帆："夜已经很深了，你父母快要回来了。"

(8) b ရှင် သွားတော့မလား။

shin thwa: daw'ma la:

你　　走　要　疑问助词

မိုး သိပ်ချုပ်နေပြီ၊ မင်းမိဘတွေ ပြန်လာတော့မယ်။

mo: theit khyout ne bi, min: mi'ba'dwe pyan la daw'me

夜　很　深　句助　你的　父母　回来　快要　句助

例 (8) a 是琼瑶的小说《一帘幽梦》中的一番对话，紫菱问费云帆"你要走了吗？"，费云帆回答中先提出"夜很深了，你父母快要回来了"这样一句话，他的话语言外之意是"我要走了"或"我要回去了"，交际过程中问答都用上"要……了/快要……了"格式，都能表达将要的时态。在这样的情景下缅甸语环境中也跟汉语一样可以对应，"ရှင် သွားတော့မလား။"问话后，回答"……မင်းမိဘတွေ ပြန်လာတော့မယ်။"都用上将要类的"တော့"，问句中后面加疑问词"တော့မလား（要……了吗?)",回答中也用上了"တော့မယ်(快要……了)"。上面分析可见,汉语将要类助动词"要"和缅甸语助动词"တော့"语义和语用上都可以对应。

(9)a"要走了！以后,"他顿了一顿:"不知道要什么时候再见面了！"(琼瑶《幸运草》)

(9)b "သွားတော့မယ်နော်။ နောင်ဆို……" သူ တုံ့ဆိုင်းသွားပြီးမှ
"thwa: daw'me naw, naun hso…" thu ton'hsain: thwa: pi: hma'
　走　快要　句助　　以后　　他　　顿了一顿

" ဘယ်တော့မှ ပြန်တွေ့ဖြစ်ကြတော့မယ် မသိဘူးနော်။ " ဟုဆက်ပြောသည်။
"be daw'hma'pyan twei'byit kya'daw'me ma thi'bu: naw "
什么时候　才　　再见面　成　　　　　不知道　语气词

例（9）是琼瑶的小说《幸运草》里的一段话,前面说"要走了！"无疑是我们要研究的将要义助动词"要",这里"了"不是一般的语气助词"了",它带着悲伤的语气。后面接的一句话"不知道要什么时候再见面了！"中也出现"要……了"格式,但是细想看看这里的"要"不是第一句"要"的"将要"的意思,句尾的"了"表达一种失望的语气,第二句的"要"有"不确定的将来时态"的意思。分析可见,汉语的词语表达的感情色彩很丰富。缅甸语环境中,前一句"သွားတော့မယ်နော်"是"要走了"的意思,同样有感情色彩的语气,语义语用都跟汉语相同,后面接的话中还发现两个"တော့"。"ဘယ်တော့မှ ပြန်တွေ့ဖြစ်ကြတော့မယ် မသိဘူးနော်။"话语中的第一个"တော့"字是"ဘယ်တော့（什么时候）",表示询问时间的疑问词；第二个"တော့"是跟汉语中的将要义"要"对应,"တော့မယ်"两个词在一起表示将来时态。但在这段话中"တော့"更有强调谓语意义的作用。分析这段话的结果表明,汉语和缅甸语在将要类"要"的语义、语用都有很多共同点，也有一定区别。

下面是汉语"要"和缅甸语"တော့（taw'）、လု（lu'）"的使用情况，例如：

(10) a. ခင်ဗျား ပြန်တော့မလား။/？ခင်ဗျား ပြန်လုပြီလား။

　　　kha mya: pyan daw'ma la: /kha mya: pyan lu'bi la:

　　　你　　　回　要　疑问助词

　　　(你要回去了吗？)

　b. ပြန်တော့မယ်။/？ပြန်လုပါပြီ။

　　　pyan daw'me/ pyan lu'ba bi

　　　回　要　句助

　　　(要回去了。)

(11) a. ခင်ဗျား ရောဂါအခြေအနေ ဘယ်လိုလဲ။

　　　kha mya: yaw: ga a khyei a nei be lo le

　　　你　　　病　　　　　情况　怎么样？

　　　(你的病情怎么样？)

　b. ပျောက်တော့မယ်။

　　　pyaut daw'me/ pyaut lu'bi

　　　恢复　快要　句助

　　　(快要恢复了。)

(12) a. အတန်းတင်စာမေးပွဲ နီးပြီလား။

　　　a tan: tin sa mei: pwe: ni: bi la:

　　　期末　　　考试　　快 了 吗

　　　(期末考试快要到了吗？)

　b. သဘက်ခါဆို ရောက်တော့မယ်။/？သဘက်ခါပါ ခင်ဗျာ၊ ရောက်လုပြီ။

　　　tha bet ka hso yaut taw'me/ tha bet ka ba kh-mya, yaut lu'bi

　　　后天　到　快要　句助/ 后天　　语气助词　到 快
　　　句助

（后天，就要到了。）

例（10）至例（12）缅甸语句子中的"တော့"基本上能译成"要……了"/"快要……了"/"就要……了"句型，两种语言都能表达出将要的意思，都表示动作快要发生了的意义，语义上基本相同，交际方面都能用上。比如，例（10）a"ခင်ဗျား ပြန်တော့မလား။"可以直接译成"你要回去了吗？"，b 答话"ပြန်တော့မယ်"也可译成"要回去了"。那么对"ခင်ဗျား ပြန်လုပြီလား။（你要回去了吗）"和"ပြန်လုပါပြီ။（要回去了）"这个对话中的"လု"字该怎么理解呢？前面已分析过"လု"表示"将要"的意思。例（11）中问"你的病情怎么样呢？"，答话时说"ပျောက်လုပြီ။"（快恢复了），例（12）a 问"အတန်းတင်စာမေးပွဲ နီးပြီလား။（期末考试快到了吗？）"，第二句话答复"ရောက်လုပြီ။（快到了）"，这些对话在现代日常缅甸语口语中一般不说，那"လု"字到底什么时候才使用呢？根据对来自不同省市的缅甸朋友的语音访谈，总结出"လု（lu'）"可以说是一种古代用语，目前大多用在书面语，而且发现是现代的少数民族地方方言之一，比如缅甸中部的缅族、西南部的若开族和东南部孟族人使用得多。① 地方方言中说话人几乎确定好并即将进行这个动作的时候才说"လု"。因此，"ပြန်လုပါပြီ"该译成"就要回"，"ပျောက်လုပြီ"该译成"差不多好了"，"ရောက်လုပြီ"该译成"马上就要到了"。本文的语料都是以现代日常用语为主，因此"လု"在这个语言环境中很少说出来，语用上跟现代汉语的将要类助动词"要"不能同等对待，它更强调动作几乎要进行，即差不多要进行的状态，也是未然状态。

汉语中的"要"表示将要时跟"快/就 + 要……了"搭配使用，表达上对时间概念有区别，有早或快的程度性。但是，缅甸语中"တော့"没有形式上的区别，就在动词的后面，句尾助词"မယ်"的前面位置。没有其他搭配使用的时间词，比如：例（12）a 问句

---

① 注：通过对居住缅甸不同地区的几个朋友语音访问而获取的资料。

"အတန်းတင်စာမေးပွဲ နီးပြီလား။"（快到期末考试了吗）的时候，(12) b 回答 "သဘက်ခါ၊ ရောက်တော့မယ်"（后天，就要到了），先说具体时间 သဘက်ခါ（后天），后面接着说 "ရောက်တော့မယ်（yaut taw'me）"（快到了）。

可见，缅甸语中将要类助动词形式上都是以"动词＋တော့မယ်（taw'me）"来表达"即将，快要"的意义，没有汉语那样表示时间比较早的或快的"就、快"类词语，缅甸语中只能以表达时间的词语来表示早或快，这是汉语和缅甸语将要类助动词的形式上的区别之一。因而，汉语"要"和缅甸语"တော့（taw'）"在语义语用上几乎可以对应。汉语疑问表达中都有正反疑问形式，但缅甸语中一般情况下很少用正反问的格式来提问。还有一种共性是，汉语助动词"要"和缅甸语助动词都没有重叠的用法。

总之，汉缅语助动词语用对比上值得注意的是缅甸语中口语和书面语的表达有差异，用的词语完全不一样，比如意愿类的"ချင်（khyin）"和"လို（lo）"，将要类的"တော့（taw'）"和"လု（lu'）"；前者都是口语体，后者都是书面语体，语体的差异在语用上有很大的区别。还要注意的是"语境"，要看准语境才能使用正确的词语。因此，汉语中用助动词"要"一个字能表达出几种义项，但是缅甸语中在不同的场合需要分别使用不同的词语，所以为了把握交际过程，我们不能忽略助动词的作用。

附 录

语料来源

本书所采用的语料，主要来源于北京大学中国语言学研究中心 CCL 语料库和语料库在线（http：//www.cncorpus.org）。

语料来源除了借鉴前贤们关于这类助动词的例证之外，还有《现代汉语词典》（第 5 版）、《现代汉语八百词》、《实用现代汉语语法》里的例句。

部分语料来源于中国现当代作家作品集网络版（http：//www.360doc.com/content/11/0623/00/30800_128834462.shtml）、《读者文摘》、电视剧和百度网。

缅甸语方面的语料出自于前贤们研究的著作中的例句、缅甸语教材、缅甸语小说等，部分语料源于笔者内省。

参考文献

中文参考文献

一 图书

北京大学东方语言文学系缅甸语教研室编：《缅汉词典》，商务印书馆 2000 年版。

贝罗贝（Alain Peyraube）、李明：《语义演变理论与语义演变和句法演变研究》，载沈阳、冯胜利主编《当代语言学理论和汉语研究》，商务印书馆 2008 年版。

陈忠：《认知语言学研究》，山东教育出版社 2006 年版。

陈昌来：《现代汉语语义平面的问题研究》，学林出版社 2003 年版。

陈宗明：《逻辑与语言表达》，上海人民出版社 1984 年版。

范晓：《三个平面的语法观》，北京语言文化大学出版社 1996 年版。

范晓：《汉语句子的多角度研究》，商务印书馆 2009 年版。

范开泰、张亚军：《语言符号的三个方面和语法的三个平面分析》，载《现汉语语法分析》，华东师范大学出版社 2000 年版。

高顺全：《三个平面的语法研究》，学林出版社 2004 年版。

古川裕：《助动词"要"的语义分化及其主观化和语法化》，载上海师范大学《对外汉语研究》编委会编《对外汉语研究》，商务印书馆 2006 年版第 2 期。

郭昭军：《意愿与意图——助动词"要"与"想"比较研究》，载齐沪扬主编《现代汉语虚词研究与对外汉语教学》，复旦大学出版社 2005 年版。

胡明扬主编：《词类问题考察》，北京语言文化大学出版社 1996 年版。

胡裕树主编：《现代汉语》，上海教育出版社2011年版。

胡裕树、范晓主编：《助动词》，载《动词研究》，河南大学出版社1995年版。

胡壮麟、朱永生、张德录编著：《系统功能语法概论》，湖南教育出版社1989年版。

黄伯荣、廖序东主编：《现代汉语》下册，高等教育出版社2002年版。

［英］杰佛里·利奇、简·斯瓦特威克著：《交际英语语法》，张婉琼、葛安燕等译，北京出版社1987年版。

李临定：《以语义为基础的分析方法》，载《语法研究和探索》（六），语文出版社1992年版。

李宇明：《汉语量范畴研究》，华中师范大学出版社2000年版。

刘月华、潘文娱：《实用现代汉语语法》，商务印书馆2009年版。

鲁晓琨：《现代汉语基本助动词语义研究》，中国社会科学出版社2004年版。

陆俭明、马真：《虚词》，载《教学语法丛书》，人民教育出版社1987年版。

陆剑明：《现代汉语语法研究教程》第3版，北京大学出版社2005年版。

陆剑明、沈阳：《汉语和汉语研究十五讲》，北京大学出版社2003年版。

陆庆和：《实用对外汉语教学语法》，北京大学出版社2006年版。

吕叔湘：《中国文法要略》，商务印书馆1942年版。

吕叔湘：《汉语语法分析问题助读》，语文出版社2000年版。

吕叔湘：《现代汉语八百词》，商务印书馆2008年版。

马真：《现代汉语虚词研究方法论》，商务印书馆2007年版。

马庆株：《汉语动词和动词性结构·一编》，北京大学出版社2004年版。

马庆株主编：《汉语动词与动词性结构·二编》，北京大学出版社2007年版。

齐沪扬：《语气词与语气系统》，安徽教育出版社2002年版。

齐沪扬主编：《现代汉语语气成分用法词典》，商务印书馆2011年版。

曲永恩：《实用缅甸语语法》，辽宁民族出版社2000年版。

沈家煊：《不对称和标记论》，江西教育出版社1999年版。

沈家煊：《"语法隐喻"和"隐喻语法"》，载中国语文杂志社编《中国语文丛书——语法研究和探索》（十三），商务印书馆 2006 年版。

沈家煊：《如何处置"处置式"？——论把字句的主观性》，载《认知与汉语语法研究》，商务印书馆 2006 年版。

沈家煊：《认知语言学理论与隐喻语法和转喻语法研究》，载沈阳、冯胜利主编《当代语言学理论和汉语研究》，商务印书馆 2008 年版。

沈开木：《语法、语义、语用的联系》，载《中国语文丛书——语法研究和探索》（六），语文出版社 1992 年版。

石毓智：《语法化的动因与机制》，北京大学出版社 2006 年版。

孙德晶：《汉语助动词的范围》，载胡明扬主编《词类问题考察》，北京语言文化大学出版社 1996 年版。

汪大年编著：《缅甸语概论》，北京大学出版社 1997 年版。

汪大年：《缅甸语汉语比较研究》，北京大学出版社 2012 年版。

王力：《中国语法理论》上册，商务印书馆 1944 年版。

王力：《汉语语法史》，商务印书馆 1989 年版。

王福祥、吴汉樱编著：《对比语言学概论》，黑龙江大学出版社 2012 年版。

王子崇主编：《汉缅大词典》，云南教育出版社 1998 年版。

吴为善主编：《跨文化交际概论》，商务印书馆 2010 年版。

吴为善：《认知语言学与汉语研究》，复旦大学出版社 2011 年版。

邢福义：《语法问题探讨集》，湖北教育出版社 1986 年版。

邢福义主编：《现代汉语》，高等教育出版社 2004 年版。

许和平：《试论"会"的语义与句法特征——兼论与"能"的异同》，《汉语研究》（三），南开大学出版社 1993 年版。

许清章编：《缅甸语语法》，外语教学与研究出版社 1994 年版。

杨伯峻、何乐士：《古汉语语法及其发展》，语文出版社 1992 年版。

袁毓林：《现代汉语祈使句研究》，北京大学出版社 1993 年版。

张斌：《汉语语法学》，上海教育出版社 1998 年版。

张斌：《现代汉语语法十讲》，复旦大学出版社 2008 年版。

张斌主编：《现代汉语描写语法》，商务印书馆 2010 年版。

张斌、范开泰主编：《现代汉语虚词研究综述》，安徽教育出版社 2002 年版。

张斌、胡裕树:《汉语语法研究》,商务印书馆 2003 年版。
张斌主编、张谊生著:《现代汉语语气词》,载《现代汉语虚词》,华东师范大学出版社 2002 年版。
赵元任:《汉语口语语法》,商务印书馆 1979 年版。
中国社会科学院语言研究所词典编辑室:《现代汉语词典》(第 5 版),商务印书馆 2006 年版。
钟智翔、曲永恩:《缅甸语语法》,世界图书出版公司 2014 年版。
周小兵:《介词结构与动词结构的句法语义关系》,载《语法研究和探索》(九),商务印书馆 2000 年版。
周有斌:《现代汉语助动词研究》,安徽大学出版社 2010 年版。
朱德熙:《语法答问》,商务印书馆 1985 年版。
朱德熙:《语法讲义》,商务印书馆 2009 年版。

二 期刊

陈颖:《"即"的语义分化及语法功能历时演变》,《绥化学院学报》2010 年第 2 期。
陈小荷:《主观量问题初探——兼谈副词"就"、"才"、"都"》,《世界汉语教学》1994 年第 4 期。
陈延河:《印尼语、汉语语序对比及印尼学生汉语学习中常见语序偏误分析》,《暨南大学华文学院学报》2002 年第 1 期。
陈勇:《语言学研究中的标记理论》,《外语研究》2002 年第 6 期。
程伟:《汉语中"咱/咱们"的用法和语用功能》,《现代语文》(语言研究版)2009 年第 5 期。
崔冬梅:《奥斯汀与赛尔言语行为理论浅释》,《重庆科技学院学报》2009 年第 6 期。
邓根芹:《副词"最"的句法、语义、语用分析》,《常熟理工学院学报》2008 年第 9 期。
范开泰:《语法分析三个平面》,《语言教学与研究》1993 年第 3 期。
付习涛:《论言语行为的性质》,《语言研究》2005 年第 4 期。
付琨:《标记理论的介绍与应用》,《汉语学习》2005 年第 3 期。
高丽:《论言语行为与语言环境的关系》,《中州学刊》2004 年第 5 期。

高蕊：《言语行为理论综合评述》，《黑龙江教育学院学报》2008 年第 3 期。

葛宁：《副词"更"的句法、语义、语用分析》，《学术交流》2012 年总第 338 期。

古川裕：《关于"要"类词的认知解释——论"要"由动词到连词的语法化途径》，《世界汉语教学》2006 年第 1 期。

郭昭军：《助动词"能"的多义性及其选择因素》，《语言学论集》2006 年第 34 辑。

郭昭军、尹美子：《助动词"要"的模态多义性及其制约因素》，《汉语学习》2008 年第 2 期。

贺阳：《试论汉语书面语的语气系统》，《中国人民大学学报》1992 年第 5 期。

胡琪：《"却"与"倒"的语义比较》，《安徽文学》2008 年第 5 期。

胡裕树、范晓：《试论语法研究的三个平面》，《语言教学与研究》1993 年第 2 期。

胡壮麟：《语法化研究的若干问题》，《现代外语》2003 年第 1 期。

黄岳州：《区别助动词、副动词、动词的一般方法》，《语文学习》1956 年第 12 期。

江蓝生：《八卷本〈搜神记〉语言的时代》，《中国语文》1987 年第 4 期。

蒋平：《"要"与"想"及其复合形式、连用现象》，《语文研究》1983 年第 2 期。

柯理思：《汉语里标准惯常动作的形式》，《现代中国语研究》（日本）2005 年第 7 期。

赖鹏：《情态的概念范围和跨语言研究——语气与情态》评价，《现代外语》2005 年第 3 期。

李颖：《汉语助动词"要"和韩语辅助动词"-려고하다"的对比》，《科教文汇》（中旬刊）2010 年第 11 期。

李劲荣：《汉语量范畴研究的若干问题》，《宁夏大学学报》（人文社会科学版）2007 年第 5 期。

李临定：《宾语使用情况考查》，《语文研究》1983 年第 2 期。

李临定：《如何分析汉语句子》，《语言教学与研究》1989 年第 2 期。

李临定：《动词分类研究说略》，《中国语文》1990 年第 4 期。
李宇明：《主观量的成因》，《汉语学习》1997 年第 5 期。
李劲荣：《汉语量范畴研究的若干问题》，《宁夏大学学报》2007 年第 5 期。
梁式中：《关于助动词》，《中国语文》1960 年第 5 期。
廖秋忠：《"语气与情态"评价》，《国外语言学》1989 年第 4 期。
刘丹青：《语义优先还是语用优先——汉语语法学体系建设断想》，《语文研究》1995 年第 2 期。
刘绍忠、张平：《什么是语法化？——语法化研究（上）》，《柳州师专学报》2004 年第 4 期。
刘绍忠、唐建军：《认知、语用与语法化——语法化研究（中）》，《桂林师范高等专科学校学报》2004 年第 4 期。
刘坚：《论助动词》，《中国语文》1960 年第 1 期。
卢卓群：《助动词"要"汉代起源说》，《古汉语研究》1997 年第 3 期。
鲁晓雁：《能愿动词与相关成分的语序——汉语能愿动词偏误研究》，《科技风》2008 年第 1 期。
马真：《说"也"》，《中国语文》1982 年第 4 期。
马贝加：《"要"的语法化》，《语言研究》2002 年第 4 期。
马庆株：《能愿动词的连用》，《语言研究》1988 年第 1 期。
马庆株：《结构、语义、表达研究琐议——从想对义、绝对义谈起》，《中国语文》1998 年第 3 期。
齐沪扬：《空间位移中主观参照"来/去"的语用含义》，《世界汉语教学》1996 年第 4 期。
马庆株：《情态语气范畴中语气词的功能分析》，《南京师范大学文学院学报》2002 年第 3 期。
马庆株：《论现代汉语语气系统的建立》，《汉语学习》2002 年第 2 期。
齐沪扬、曾传禄：《"V 起来"的语义分化及相关问题》，《汉语学习》2009 年第 2 期。
沈家煊：《"语法化"研究综观》，《外语教学与研究》1994 年第 4 期。
沈家煊：《R. W. Langacker 的"认知语法"》，《国外语言学》1994 年第 1 期。
沈家煊：《类型学中的标记模式》，《外语教学与研究》1997 年第 1 期。

沈家煊：《语言的"主观性"和"主观化"》，《外语教学与研究（外国语文双月刊）》2001 年第 4 期。

沈家煊：《复句三域"行、知、言"》，《中国语文》2003 年第 3 期。

沈家煊：《语用原则语用推理和语义演变》，《外语教学与研究》2004 年第 4 期。

施关淦：《关于语法研究的三个平面》，《中国语文》1991 年第 6 期。

史金生：《"要不"的语法化——语用机制及相关的形式变化》，《解放军外国语学院学报》2005 年第 6 期。

史有为：《得说"不能来上课了"》，《汉语学习》1994 年第 5 期。

孙萍：《现代汉语语气词研究综述》，《和田师范专科学校学报》2007 年第 5 期。

孙汝建：《语气词口气意义的分析方法》，《南通大学学报》2006 年第 5 期。

王伟：《情态动词"能"在交际过程中的义项呈现》，《中国语文》2000 年第 3 期。

王华丽：《能愿动词"要"的主要语法化机制》，《考试周刊》2009 年第 10 期。

王振来：《能愿动词的语义类别》，《辽宁工学院学报》2002 年第 4 卷第 1 期。

文炼：《句子的理解策略》，《中国语文》1992 年第 4 期。

文旭：《运动动词"来/去"的语用意义及其指示条件》，《外语教学与研究》2007 年第 2 期。

吴福祥：《关于语法化单向性问题》，《当代语言学》2003 年第 4 期。

吴为章：《语序重要》，《中国语文》1995 年第 6 期。

熊文：《助动词研究述略》，《汉语学习》1992 年第 4 期。

徐晶凝：《汉语语气表达方式及语气系统的归纳》，《北京大学学报》2000 年第 3 期。

徐冶琼：《能愿动词"想"和"要"的比较》，《现代语文》（语言研究版）2009 年第 6 期。

薛国富：《"能愿动词＋动词（形容词）"结构浅议》，《贵州师大学报》1989 年第 1 期。

杨荣华：《标记理论研究综述》，《牡丹江教育学院学报》2007 年第 4 期。

于红莉：《试论语气词的语法特征及作用》，《吉林工程技术师范学院学报》2011年第6期。

袁毓林：《祈使句式和动词的类》，《中国语文》1991年第1期。

张德岁：《助动词短语的结构争议及其认知解释》，《宿州学院学报》2006年第1期。

张万禾：《助动词"要"的情态语义分析》，《现代语文》2007年第1期。

张维耿：《助动词"想"和"要"的区别》，《语言教学与研究》1982年第1期。

赵国军：《也谈"越A越B"——从量范畴的角度看倚变关系》，《长江师范学院报》2010年第3期。

赵明琴：《论语义指向及其在句法分析中的作用》，《现代语文（语言研究版）》2008年第2期。

周有斌：《汉语词类划分标准及助动词的确定》，《淮北职业技术学院学报》2008年第6期。

周小兵：《"会"和"能"及其在句中的换用》，《烟台大学学报》（哲学社会科学版）1989年第4期。

朱德熙：《语法分析和语法体系》，《中国语文》1982年第1期。

三 学术论文

陈振宁：《现代汉语量范畴语义模型初探》，硕士学位论文，四川师范大学，2006年。

褚智歆：《能愿动词肯否不对称问题分析》，硕士学位论文，广西师范大学，2008年。

纪明俐：《现代汉语"要X"类连词研究》，硕士学位论文，延边大学，2009年。

郭昭军：《汉语情态问题研究》，博士学位论文，南开大学，2003年。

卡日拜克·安不拉亨：《三个平面语法理论与现代哈萨克语》，硕士学位论文，新疆大学，2012年。

李善熙：《汉语"主观量"的表达研究》，博士学位论文，中国社会科学院，2003年。

李亚娟：《"能"、"会"和"可以"的认知研究及偏误分析》，硕士学位论文，苏州大学，2009年。
刘卓：《情态动词"要"的个案研究补论》，硕士学位论文，延边大学，2006年。
毛燕：《现代汉语意愿助动词研究》，硕士学位论文，上海师范大学，2010年。
闵星雅：《助动词"能"和"会"的认知研究》，博士学位论文，上海师范大学，2007年。
倪菊华：《现代汉语"要"的情态问题研究》，硕士学位论文，浙江大学，2008年。
彭利贞：《现代汉语情态研究》，博士学位论文，复旦大学，2005年。
宋永圭：《现代汉语情态动词"能"的否定研究》，博士学位论文，复旦大学，2004年。
孙汝建：《语气与语气词研究》，博士学位论文，上海师范大学，1998年。
吴剑锋：《言语行为与现代汉语句类研究》，博士学位论文，华东师范大学，2006年。
吴晓芳：《张斌和三个平面理论》，博士学位论文，福建师范大学，2009年。
向二兰：《汉英助动词句法比较研究》，博士学位论文，华中师范大学，2011年。
张万禾：《意愿范畴与汉语被动句研究》，博士学位论文，上海师范大学，2007年。
朱敏：《现代汉语人称与语气选择性研究》，博士学位论文，上海师范大学，2005年。

四 其他

曹秀玲：《三个平面的语法理论》，课堂讲义，上海师范大学对外汉语学院，2012年。
渡边丽玲：《助动词"可以"与"能"的用法比较分析》，第六届国际汉语教学讨论会论文选，1999年。
渡边丽玲：《助动词"能"与"会"的句法语义分析》，第六届国际汉语讨论会论文选，2000年。

郭志良：《表示存在某种可能性的"能"和"可以"》，第三届国际汉语讨论会论文选，1990年。

宗守云：《汉语功能语法学专题研究》，课堂讲义，上海师范大学人文与传播学院，2011年。

宗守云：《语用理论与汉语语法研究》，课堂讲义，上海师范大学人文与传播学院，2012年。

张谊生：《语法化理论与汉语研究》，课堂讲义，上海师范大学人文与传播学院，2012年。

外文参考文献

Comrie, Bernard, *Aspect*, Cambridge: Cambridge University Press, 2001.

Department of the Myanmar Language Commission, *Myanmar-English Dictionary*, University Press, Yangon, Myanmar, 2001.

Lyons, J., *Introduction to theoretical Linguistic*, Cambridge: Cambridge University Press, 1968.

Lyons, J., *Semantic.* Vols. Ⅰ & Ⅱ, Cambridge: Cambridge University Press, 1977.

Okell, John, *A Reference Grammar of Colloquial Burmese*, Part Ⅱ, Oxford University Press, London, 1969.

Okell, John, *A Reference Grammar of Colloquial Burmese*, Part Ⅱ, Oxford University Press, London, 1969.

Okell, John and Allott, Anna, *Burmese/Myanmar Dictionary of Grammatical Forms*, Curzon Press Richmond, Surrey, 2001.

Traugott, Elizabeth Closs, and Richard B. Dasher, *Regularity in Semantic Change*, Cambradge: Cambradge University Press, 2002.

Wheatley, Julian K., *Burmese: A Grammatical Sketch*, (unpublished PhD dissertation) University of California, Berkeley, 1982.

ကိုလေး။ မောင်။ မြန်မာသဒ္ဒါ(ဘာသာဗေဒအလေ့လာချက်)။ ပါရဂူကျမ်းစာရန်ကုန်တက္ကသိုလ်မြန်မာစာဌာန။ ၂၀၀၃။ (Ko Lay, Maung:《缅甸语语法——语言学研究》，仰光大学缅文系博士学

位论文 2003 年。)

ခင်မင်၊ မောင်(နေဖြူ)။ *တစ်သံနှစ်သံသုံးလေးသံ* ရန်ကုန်၊ ဒူဝ်စာအုပ်တိုက်။ ၂၀၀၁။ (Khin Min, Maung Da NuPhyu：《一声、两声、三四声——缅甸语言研究文集》，仰光 Du Wen 出版社 2001 年版。)

ခင်မင်၊ မောင်(နေဖြူ)။ *ငယ်ပေါင်းကြီးဖော်မြန်မာစာနှင့် အရေးအသားပြဿနာများ* ရန်ကုန်၊ ကောင်းသန့်စာပေ။ ၂၀၀၃။ (Khin Min, Maung（Da NuPhyu）：《缅文书写常见问题》，仰光 Kaung Thant 出版社 2003 年版。)

ခင်မင်၊ မောင်(နေဖြူ)။ *မြန်မာစကား မြန်မာစာရှုပုံလွှာ* ရန်ကုန်၊ ဒူဝ်စာအုပ်တိုက်။ ၂၀၀၄။ (Khin Min, Maung（Da Nu Phyu）：《缅甸语言及缅甸文字》，仰光 Du Wen 出版社 2004 年版。)

ခင်မင်၊ မောင်(နေဖြူ)။ *လူတိုင်းအတွက်အသုံးချမြန်မာစာ* ရန်ကုန်၊ ဇင်ရတနာစာပေ။ ၂၀၁၀။ (Khin Min, Maung（Da NuPhyu）：《大众应用缅甸语》，仰光 Zin Yadana 出版社 2010 年版。)

တင်မိုး၊ ဦး။ *မြန်မာသဒ္ဒါ။ အမေ့ကျောင်းစာစဉ်*, သီဟမင်းစာပေ။ ၁၉၈၂ခုနှစ်၊ ဇန်နဝါရီလ။ (Tin Moe, U：《缅甸语语法》，载《母亲的学校丛刊》Thiha Min 书局，1982 年第 1 期。)

ဖေမောင်တင်၊ ဦး။ *မြန်မာဝါကျဖွဲ့ထုံးကျမ်း*။ ရန်ကုန်၊ စာပေဗိမာန်ပုံနှိပ်တိုက်။ ၁၉၆၁။ (Pe Maung Tin, U：(《缅甸语句法结构》，仰光文学宫印刷局1961年版。)

မြန်မာစာအဖွဲ့။ *မြန်မာသဒ္ဒါ*။ ရန်ကုန်၊ တက္ကသိုလ်များပုံနှိပ်တိုက်။ ၂၀၀၅။ 缅甸语委员会编：《缅甸语语法》，仰光大学出版社 2005 年版。)

မြန်မာစာအဖွဲ့။ *မြန်မာအဘိဓာန်*။ ရန်ကုန်၊ မြန်မာစာအဖွဲ့ဦးစီးဌာန။ ၂၀၀၈။ (缅甸语委员会编：《缅甸语词典》，仰光缅甸语委员会出版社 2008 年版。)

ရွှေပြည်စိုး၊ ဒေါက်တာ။ *မြန်မာဘာသာစကား*（Aspects of Myanmar Language）။ သင်းစာပေ။ ၂၀၁၀။ (Shwe Pyi Soe, Dr：《缅甸语言》，Thin 书局 2010 年版。)

သာနိုး၊ မောင်။ *မြန်မာ့စကားနှင့်စာပေ*။ ရန်ကုန်၊ ကျောက်ဆောက်စာအုပ်တိုက်။ ၂၀၀၉။ (Thar Noe, Maung：《缅甸话及缅甸文学》，仰光 Kyauk Syauk 书局 2009 年版。)

သန့်စင်အေး။ *မြန်မာကြိယာနှင့်ကြိယာထောက်（ဘာသာဗေဒလေ့လာချက်）*။ မဟာဝိဇ္ဇာကျမ်းစာ၊ ရန်ကုန်တက္ကသိုလ်။ ၁၉၉၇။ Thant Sin Aye：(《缅甸语动词与助动词——语言学研究》，硕士学位论文，仰光大学，1997 年。)

သန့်စင်အေး။ *မြန်မာကြိယာများ၏ ဖွဲ့စည်းပုံနှင့်အနက်အဓိပ္ပာယ်သက်ရောက်ပုံ*။ ပါရဂူကျမ်းစာ၊ မြန်မာစာဌာန၊ ရန်ကုန်တက္ကသိုလ်။ ၂၀၀၈။ (Thant Sin Aye：《缅甸语动词的结构及意义》，博士学位论文，仰光大学缅文系，2008 年。)

后　　记

　　2000年我很荣幸地踏进了仰光外国语大学中文系这所学堂，成为第一批全日制本科班的一员，虽然之前上补习班学过国语、认识一点汉语，我却是从那时候才开始真正地学习汉语（Mandarin），三年的时间我从汉语拼音学到语法、写作、口语、翻译等各个科目。从经济学专业转学到外语系的我晚两周才进入中文系，平时也不聪明，动作又慢，在系主任 Daw Tin Kyi 博士，任课教师 Daw Yin Yin Myint、Daw Sein Sein Kyi、Daw Thi Thi Shein、Daw Khin Khin Nyein 和外派老师朱晓星的精心教导下，拼尽全力学习汉语，最终获得了汉语言文学学士学位。在这里由衷地感谢仰光华文补习班以及仰外大的所有老师们！

　　本科毕业后，经过恩师王东白的推荐，我开始在缅甸福建同乡总会开办的华文学校（现改为仰光福星孔子课堂，也是我的另一个汉语学堂）担任汉语教师。2006年学校派几个年轻的老师到上海华东师范大学参加海外华文教师师资培训班，我有幸参与其中，短短3周内学到了很多汉语和教学方面的新知识，大开眼界。当时来火车站接我们的老师中也有外国留学生，从那时起，我心中就默默地产生了留学的念头。

　　从事了五年汉语教学工作后，我的愿望终于实现了。2008年9月，在我的恩师广西民族大学熊琦副教授和张小克教授的推荐下，我申请到了中国政府奖学金，在广西师范大学文学院攻读硕士研究生。在导师关英伟教授的悉心指导下，两年时间内完成了毕业论文，当时的我天天都在跟电脑、Praat软件和数据打交道，忙得团团转。怕电脑的我、不熟悉电脑的我学到了不少技术，一年后换了一副厚眼镜，它证明了我的经历和进步。就这样，紧张却充满活力的硕士生活快结束了，每个学员都要选择下一步的人生之路了。在母亲、熊老师和关老师的鼓励下，我下定决心选择在中国继续深造。终于到了毕业答辩期，答辩主席宣布的优秀论文中也有我的论文，我很高兴，衷心感谢我的导师和师姐妹们。我衷心地向广西师范大学的校长和领导们，国教院院长和罗诗庆等办公室的老师，文学院的白云、骆明弟、韩明、刘亚辉老师，2007级、2008级和2009级的师门兄弟姐妹们表示感谢！还要向广西民大的寸雪涛老师、Daw Waddy Thwin 老师，广西师大的赵紫荆姐姐等和广州暨南大学的张梦香妹妹等缅甸同胞们表示感谢，没有大家的帮助，我不会那么顺利地、开心地度过这两年，谢谢大家！我还要感谢当初给我"可以申请中国政府优秀外国留学生奖学金"这个信息的泰国同学李惠玲，因为她提供的这个信息，我才能得知并把握住继续在华深造的好机会。

2010年8月我正在忙碌扩展我的事业时，无意中收到了上海师范大学国际交流处的通知，我竟真的获得了中国政府优秀外国留学生奖学金，被上海师范大学对外汉语学院录取攻读博士研究生，这让我万分感慨甚至难以置信。9月初我又一次离开了家乡，来到中国上海师范大学开始留学生活。在导师齐沪扬教授的指导下，我的研究方向定在汉语本体语法理论及应用研究。记得刚入学时，齐老师给博士生们讲过："博士论文，三年时间内不一定写得出来，如果写不出来，不能按时毕业，不要着急，这是很正常的。"齐老师对新生的鼓励和提醒，使我对语法研究的艰难坎坷有了充分的心理准备。三年内，我的博士毕业论文从选题、框架建构、行文到定稿，都得到了齐老师的精心指导，而且得到了师门兄弟姐妹们、师兄老师们、中外同学们的帮助。我听过张斌先生、齐沪扬老师、吴为善老师、陈昌来老师、张谊生老师、宗守云老师等的课，老师们授的课给我带来很大的启发，师门沙龙、预答辩、毕业答辩每一步都得到了导师、师兄弟姐妹、同学、学院老师的很好的建议。邱志明师兄、渡边师兄、张汶静师妹、姚占龙师兄他们在论文写作初期给我提出过宝贵的意见，崔维真和马春霖师妹经常跟我耐心讨论问题，谢心阳师弟和刘亚辉师姐百忙中帮我看全篇论文并提出很多宝贵的意见，胡建锋师兄、黄建秦师兄、蔡瑱师姐以及跟我共同渡过毕业论文难关的卢炫璇师姐都给我提出过宝贵意见和建议，对此我非常感谢！毕业论文重复率审查通过后，师门中就我一个被抽到上海市学位论文双盲检查，因此齐老师在出差的路上还给我审阅了论文，对此我既感动又感激。在这里我也要感谢李宗宏师姐和许蕾师妹，她们也在旅途中帮我看过论文，提出过很多修改意见。非常感谢毕业答辩会上帮助过我的答辩秘书刘春光师弟、谢心阳师弟、吴永荣师弟、齐若冰师妹等，感谢好友徐志成、徐菊容和学生曾福英他们所给予的一切帮助和鼓励，另外要感谢朱晓星老师和李立宁师妹。我还要感谢上海师范大学国际交流处、对外汉语学院、学思园所有的教职工们，还有所有帮助过我的在上海的亲戚朋友们，在上海那些年他们一直都很关心我的身心健康。

走在博士生涯这条路上，仰光大学的缅甸语专家 Daw Mar Lay 名誉教授，仰光外国语大学语言学系系主任 Daw Thant Sin Aye 教授、Daw Than Than Htay 副教授，汉语系的 Daw Kyin Than 讲师，仰光东部大学缅语系老师 Daw Ei Ei Khaing 博士，广西民族大学的寸雪涛副教授和 Daw Waddy Thwin 客座教授，他们也很热情地为我提供了重要的缅语方面的书籍和资料，提出了宝贵意见和建议。书籍收集方面还要感谢仰光大学图书馆、仰光 Sein Ya Tu 图书馆的教职员工。还要感谢广西师范大学的缅甸同胞们，他们的鼓励和支持让我更加自信，吕清芳、王秋艳、黄晶晶等缅甸学妹们还帮我收集资料，老同学苏秀珍和师妹张美玉也常跟我讨论缅甸语方面的问题，并提出宝贵意见，还要感谢昆山解放军外国语学院的缅甸朋友们，因为大家的鼓励和帮助我才能顺利地完成汉缅语对比研究这一章。我还要特别感谢常给我解除精神上压力的、给我鼓励和提出宝贵建议的中国母亲熊老师和好友玛丽。另外，我更要感谢的还有中国政府留学基金委，因为留学基金委给我提供了硕博五年的奖学金，我才得到了这样全身心投入学习的机会。这五年虽然很辛苦，但我得到了很多人的关照，我会永远记住、永远感谢！

本书是在我博士学位毕业论文的基础上扩充、修改和整理而成的。2013年9月我带着母亲来到云南红河学院工作，担任国际学院的缅甸语外教。在这里我要向给我介绍此工作的寸雪涛老师表示由衷的感谢！因为他，我才得到了在中国进行中缅语教学和研究工作的机会。心中一直惦记着将这篇毕业论文整理出书，为了把它专心地整理好，我尽量安排好所有的时间，一放暑假就专心投入修改论文的工作，把电子版打印出来仔细阅读每一页、每一句、每一字，再收集相关期刊和书籍仔细研读，以期能够更多地补充理论方面的知识。修改完的部分如果感到不满意的都会再次检查，再进行补充修改，开学后还会抽出休息的时间继续检查和完善。修稿期间也时常回忆当时的毕业答辩会，尽量领会答辩主席戴耀晶教授，答辩委员王珏教授、吴勇毅教授、张豫峰教授、张谊生教授、宗守云教授、曹秀玲教授提出的宝贵意见和建议，在此向老师们深深地表示发自内心的感激！遗憾的是，我博士学位论文答辩时的答辩主席戴耀晶教授已谢世，对此我感到非常痛心！我承认，虽然老师们帮我提出了很多宝贵意见，但我只能凭我自己的能力去修改和完善，一定还会存在很多不完善之处。另外，在这里我还要感谢我的导师齐沪扬先生当时建议我申请保密此论文，我才有了今天出书的好机会。今日我终于把它完完整整地整理了出来。

出版这本书，也得到了红河学院甘雪春校长、安学斌副校长和红河学院国际学院雷明珍院长的很大帮助和鼓励，尤其是雷院长，她让我有了出书的念头和机会。我还很感谢百忙中阅读我的书稿并帮我写推荐信的红河学院人文学院路伟教授和国际学院陈翠珠副教授，感谢中国社会科学出版社。感谢修改书稿期间帮我提出很多宝贵建议的王传铭老师，还要感谢帮我收集书籍和论文的同门崔维真博士、刘春光博士和好友黄瑞光。最后我要深切地感谢我的家人，在我工作和整理论文的过程中我的母亲一直陪伴我、鼓励我、照顾我，在我留学期间，我的母亲、姐姐们和弟弟一直支撑着这个家，我的二叔、二婶一直在远方鼓励我。我从心底感到，没有家人的支持和叔婶的鼓舞，可能就没有今天这本书的问世。在此，我深深地向我的家人和亲戚朋友表示感谢！

总之，我想对在这本书撰写的过程和最后的出版阶段，从各方面给予帮助的所有恩人表示深深的感谢，感恩永久，感激不尽！希望本书的内容对学术界有所借鉴，对学习者有所帮助。因为本人的水平有限，整理出的内容有很多不足，恳请读者不吝赐教！

陈仙卿（PHYU PHYU WIN）
2016 年 11 月于雅庄 8202